社区生命教育
SHEQU SHENGMING JIAOYU

临汾开放大学生命教育课题组 /编

"临汾社区教育品牌——生命教育项目建设研究"课题组成员

组　长：李国成　　周　宏

副组长：苏金刚　　高　燕　　孙建平

成　员：(以姓氏笔画排列)

　　　　王　敏　　闫金莲　　关　坤　　宋爱娜

　　　　邵雪琴　　秦翔宇　　高千茹　　董华杰

《社区生命教育》编委会成员

主　任：李国成　　周　宏

副主任：苏金刚

主　编：高　燕

编　委：(以姓氏笔画排列)

　　　　王　敏　　闫金莲　　关　坤

　　　　宋爱娜　　秦翔宇　　高千茹

前　言

党的二十大发出了"建设全民终身学习的学习型社会、学习型大国"的号召,在新时代,满足多样化学习需求,让人民群众获得更多的幸福感、满足感和安全感是每个社区教育工作者的目标和价值追求。以生命为圆心,以认识生命、珍惜生命、尊重生命、爱护生命、享受生命、超越生命的理念为半径,运用教育手段,辐射形成一种无远弗届的效果,让人文价值张扬,让精神律动飞扬,借以开展提升生命质量、获得生命价值的教育活动,是本书编纂的一个要义所在。

生命教育作为一个话题,其渊源不算很长,最早可追溯至20世纪60年代。1968年,美国的杰·唐纳·华特士首次提出生命教育的思想,美国官方将《健康与幸福》列为中小学必修课。1979年,澳大利亚、日本成立了"生命教育中心",明确提出生命教育的概念。我国的香港、台湾地区较早在中学教材中提出生命教育大纲或课程体系,相对来说,中国大陆生命教育起步较晚。2016年6月《教育部等九部门关于进一步推进社区教育发展的意见》出台后,社区教育从理念到实践,在各地都有很大推动。然而,社区教育应该是全员、全面、全方位的教育,当下,中小学生命教育读本陆续出版,却鲜有面向社区居民的生命教育读本。

近年来,居民焦虑、抑郁等心理问题及电信诈骗、意外事故等安全问题屡屡出现,吸毒、夫妻忠诚度降低等道德失范问题令人担忧……居民生命教育已迫在眉睫。国务院2010年印发的《国家中长期教育改革和发展规划纲要(2010—2020年)》中明确提出"重视安全教育、生命教育",从政策战略层面回应了群众的关切。临汾开放大学生命教育课题组充分认识到了社区生命教育的严肃性和紧迫性,编写出版了这本《社区生命教育》,以满足当下社区居民对于生命教育理念以及生命关怀、生命安全知识的需求。

《社区生命教育》以生命教育为核心要素,从人的自然生命、社会生命和精神生命三个维度铺展开来。自然生命基于生命的长度考量,社会生命基于生命的宽度考量,精神生命基于生命的高度考量,生命的长度、宽度、高度是一体三面,不可机械分割。鉴于此,全书在设计上,形成了生命伦理篇、生命关怀篇、生命安全篇,每一个篇章都讲理念、讲情感、讲方法,大体按照"典型案例—案例分析—生命探讨—生命寄语"结构,试图构建一种崇尚珍爱生命、倡导积极生活、追求幸福人生的正向目标,这也是我们临汾开放大学作为推动学习型社会的主力军、倡导者的初心所在!

本书的骨干框架是由临汾开放大学生命教育课题组在充分调研的基础上形成的,全书由33个主题组成,主要编者有7位。主编高燕曾编纂《生命教育读本》(青少年版)、《新时代生命教育》(初中版)和《新时代生命教育》(高中版),她承担了本书大部分主题的编写工作,另有闫金莲、宋爱娜、关坤、王敏、秦翔宇、高千茹等六位作者参与了一些主题的具体撰写。全书以通俗易懂的形式向读者介绍了生命的意义、价值等,既讲高大上的理念,又讲接地气的日常,既讲常态性安全问题应对,又讲非常态性安全应急处置,还涉及家暴、非法传销、金融诈骗及地震、洪水、雷电等内容。

当然,每一名撰写者的识见、思维、学术背景以及履历不同,受逻辑结构、话语表述及写作习惯等因素影响,加之此书面向读者群是社区居民,课题组便没有刻意追求写作规范上的趋同,由此形成了各个主题的不同风格。限于我们的眼界和能力水平,书中内容难免错漏,祈望读者和社区管理者在使用中积极反馈、不吝赐教。

临汾开放大学生命教育课题组
2023 年 11 月 23 日

目 录

第一篇　生命伦理篇 …………………………………… 1
　主题 ❶ 敬畏自然 ………………………………………… 2
　主题 ❷ 生命的历程 ……………………………………… 7
　主题 ❸ 生命的意义 ……………………………………… 13
　主题 ❹ 生命的价值 ……………………………………… 19
　主题 ❺ 婚姻不易,且行且珍惜 ………………………… 26
　主题 ❻ 婆媳相处有道 …………………………………… 35
　主题 ❼ 抚养和教育同等重要 …………………………… 43
　主题 ❽ 谈婚论嫁 ………………………………………… 50
　主题 ❾ 家庭发展规划 …………………………………… 62
　主题 ❿ 和谐社区你我他 ………………………………… 72

第二篇　生命关怀篇 …………………………………… 81
　主题 ⓫ 科学养生 ………………………………………… 82
　主题 ⓬ 平稳度过更年期 ………………………………… 92
　主题 ⓭ 向家暴说"不" ………………………………… 103
　主题 ⓮ 谨防儿童被拐骗与被性侵 ……………………… 110
　主题 ⓯ 面对暴力侵袭 …………………………………… 118

主题 ⑯ 抵制毒品 ··· 125
主题 ⑰ 抵制邪教 ··· 132
主题 ⑱ 拒绝赌博 ··· 141
主题 ⑲ 遏制非法传销 ··· 148
主题 ⑳ 提防金融陷阱 ··· 155

第三篇　生命安全篇 ··· 163
主题 ㉑ 防治传染病 ··· 164
主题 ㉒ 关注饮食安全 ··· 172
主题 ㉓ 警惕食物中毒 ··· 178
主题 ㉔ 酒精中毒的预防与急救 ································· 187
主题 ㉕ 一氧化碳中毒的预防与急救 ····························· 196
主题 ㉖ 毒蛇咬伤的预防与急救 ································· 201
主题 ㉗ 落水自救与救助 ······································· 207
主题 ㉘ 室内火灾的预防和自救 ································· 214
主题 ㉙ 森林火灾的预防和自救 ································· 219
主题 ㉚ 烧烫伤急救 ··· 225
主题 ㉛ 地震的求生与急救 ····································· 229
主题 ㉜ 洪水、泥石流与山体滑坡 ······························· 234
主题 ㉝ 预防雷击 ··· 239

后记 ··· 246

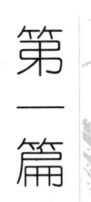

第一篇 生命伦理篇

主题 ❶ 敬畏自然

典型案例

案例一:2019年9月进入森林火季后,澳大利亚多处发生森林火灾,并在全国各地蔓延开来,形成了无法扑灭的森林大火。2020年2月13日,这场森林大火因澳大利亚发生多地连续暴雨天气而得以扑灭。持续了4个多月的澳洲森林大火,使数以百万计的居民被浓烟和尘埃包围,大约12亿只动物在林火中丧生,65万只蝙蝠侵袭了附近的城市,又因城市中缺乏食物而饿死,街道上到处都是蝙蝠的尸体。

案例二:从2019年12月起,严重的蝗灾席卷了整个东非地区。凶猛的"蝗虫大军"先在索马里和埃塞俄比亚摧毁了大量农田,随后又肆虐肯尼亚,抵达乌干达,入境南苏丹……本就粮食匮乏的东非地区爆发蝗灾,数百亿只蝗虫所到之处寸草不生。

案例分析

澳大利亚森林大火、东非蝗虫灾害都是全球气候变暖导致气候极端的后果。气候极端意味着冷暖不均,要么大旱,要么大涝。这说明地球的自我调节能力减弱了。这是人类活动影响地球生态的恶劣后果。

澳大利亚每年都有因雷击等原因引起的森林火灾,但往年风调雨顺,自然下雨就可以浇灭火灾。2019年夏季以来,澳大利亚持续高温,无降水,森林火灾蔓延,变得难以扑灭。

蝗灾也是如此,东非也是2019年出现了大旱,土壤干旱有利于蝗虫产卵繁殖,却不利于蛙类、鸟类等蝗虫天敌的生存繁殖,蝗虫大量繁殖又缺少天敌,导致东非生态平衡崩溃。缺少天敌的蝗虫繁衍迅速,成规模后更是所向披靡,一路飞出非洲,向东抵达巴基斯坦、印度……

生命探讨

敬畏生命

据统计:地球上生存着3000万至5000万种生命类型,每个生物个体都是一个生命。这些动物、植物和微生物,它们和大自然和谐共处,形成了一种生态平衡。有些野生动物会携带一些病菌微生物。科研人员在蝙蝠等动物体内分离出了多种病毒,其中有些病毒对人体有一定的危害性,但是蝙蝠等野生动物能与其携带病原微生物长期共存,这是它们逐渐进化的结果。

病毒早在人类出现前就已经现身地球,变异速度也比人类快,历史上鼠疫、天花、霍乱都对人类发展造成过重大打击。即便是进入21世纪,全球大面积疫情也没有断过,2003年发生在中国的SARS,2009年美国H1N1流感,2014年西非埃博拉、中东呼吸综合征……禽流感疫情更是没断过。人类和病毒的战斗不会停止,还会继续。

大千世界,万事万物都有着自己生命的尊严。我们不仅对人的生命,而且对一切生物的生命,都必须保持敬畏的态度。保护生命、善待生命,就是善;毁灭生命、压制生命,就是恶。这应当是人类道德的根本。因此,我们要对世界上的每一个生命都抱有真切的尊重、诚挚的关爱、深沉的敬畏。

敬畏自然

长期以来,人类活动对地球的生态平衡破坏得越来越厉害,自然灾害频频发生,人类生存的环境日益恶劣。这其实是恶性循环。如果人类能够最大限度地保护植被,保持森林覆盖率,维护大自然的生存平衡与生态平衡,不去捕食野生动物,使野生动物能安全地栖息在森林与草原中,也许就能防止一些疾病的发生。

人类只是自然界的一部分,是众多生命体中的一种。在天灾人祸和疾病面前,生命相当脆弱;在大自然面前,生命相当渺小。为了人类能生活得更美好,我们要敬畏大自然中的一切生命,我们要尊重生命的多样性,亲近自然,保护环境,爱护我们的地球,与大自然和谐共处。

热爱生命

目前,医学对困扰人类繁衍生息的一些遗传性疾病、先天性疾病、传染性疾病尚无预防良策。除此之外,诸如地震、海啸、山洪、火山爆发、蝗灾等天灾人祸也严重威胁着人类的生命。因此,能健康地活着、惬意地生活,对每个人来说,都是值得庆幸的。

谁都不应该漠视生命,更不应该轻易放弃生命。每个人的生命绝不仅仅属于他自己,他早已成了父母一份血脉相系的牵挂,成了家人的寄托和家族的希望,当然理应为社会的发展与进步贡献力量。每个人的生命都牵动着亲友们的心,影响着他们的生活质量和身心健康。不要错误地认为自己的生命和别人无关,每个人的生命不仅仅属于他自己,还属于关心爱护他的人,属于国家和社会。

生命是如此宝贵,谁都不应该漠视生命,不能为一点点小事就放弃自己的生命,更不能为泄一时之愤,恣意伤害他人的生命。生活中有些人漠视法律法规,缺乏生命意识,因琐事或放弃自己的生命或伤害他人、杀害他人的事件时有发生。其结果是自己受到了法律的惩罚,甚至付出了生命的代价,给自己和家庭也造成了不可弥补的损失。

我们的生命还承载着很多责任。为国强而自强是公民为之奋斗的目标,为家庭幸福努力、为事业成功打拼、为祖国繁荣富强贡献力量是公民应有的社会责任。

无论在什么情况下,我们都必须以尊重生命为前提,把生命放在第一位,热爱生命,勇担责任。大家要珍惜生命中的每一天,不断充实自己的内涵,努力提升自己的能力,努力使自己成为家庭的顶梁柱,成为祖国建设的有用之才、栋梁之材,勇敢承担自己的家庭责任和社会责任,让生命显示出它耀眼的光彩。

生命寄语

习近平总书记指出:"自然是生命之母,人与自然是生命共同体,人类必须敬畏自然、尊重自然、顺应自然、保护自然。"我们在认识生命、珍惜生命的同时,还要有一份尊重生命多样性的情感,亲近大自然、保护大自然、珍惜大自然、感恩大自然。这既是道德的范畴,也是我们生存的需要,更是我们建设美丽中国、实现民族伟大复兴的需要。我们要勇敢肩负起时代赋予的重任,敬畏生命,敬畏自然,珍惜大自然的一山一水,呵护大自然的一草一木,把爱护地球、保护自然作为自己的社会责任,努力在实现宇宙生态平衡中发挥积极作用。

主题 ❷ 生命的历程

典型案例

继爱因斯坦之后世界上最著名的科学思想家和最杰出的理论物理学家、"宇宙之王"史蒂芬·威廉·霍金,21岁时不幸患上肌肉萎缩性侧索硬化症,即运动神经细胞病,俗称渐冻症。医生曾诊断说他只能活两年,可身患绝症的他一直坚强地活了下来。他从研究黑洞出发,探索了宇宙的起源和归宿,其科普著作《时间简史:从大爆炸到黑洞》被译成40余种文字,出版1000余万册。黑洞理论使量子论和热力学在"霍金辐射"中得到完美统一,而他在20世纪80年代提出的无边界设想的量子宇宙论,解决了困扰科学界几百年的"第一推动"问题,为人类作出了不可磨灭的贡献。2018年3月14日,霍金去世,享年76岁。

案例分析

生老病死是每个个体生命历程的必然过程,无论哪个生命个体都无法避免也无须回避。当代最重要的广义相对论和宇宙论家史蒂芬·威廉·霍金,是本世纪享有国际盛誉的伟人之一,是剑桥大学数学及理论物理学系教授,荣获自然科学史上继牛顿和狄拉克之后荣誉最高的教席——英国剑桥大学卢卡斯数学教授席位。在他76年的生命历程中,55年是在疾病中度过的。21岁患上绝症,并没有阻挡住霍金为人类作贡献的步伐。他用积极的心态全身心投入科研工作,打破了医生对他说的还能活两年的预言。霍金的生命历程,熠熠生辉,生机盎然,带病生存55年,掀开了人类研究宇宙论的新篇章,为每一个人树立了良好的榜样!我们要以霍金为榜样,积极面对生命历程中的每一个阶段。尤其是身患疾病时,仍要不懈努力,积极上进,为家庭、为社会作出积极的贡献。

生命探讨

每一个生命,都有其奇妙而独特的生命历程。但无论是生命不足一小时的息粒,还是能活几千年的龙血树,生、老、病、死都是其自然生命历程的必然组成部分。人的生命亦是如此。

如何正确认识生命历程的生、老、病、死四个阶段,平和接受衰老和疾病的到来,直面死亡,对每一个生命心怀敬畏,是一个需要长期研究的课题。

生命历程

生、老、病、死是正常的生命现象,是不可抗拒的生命历程。生命在不断更新自身物质能量的过程中得以延续。一个婴儿呱呱落地便意味着一个生命的开始,也就是"生"。经过岁月的浸染与洗礼,每个生命个体都会逐渐衰老。在慢慢变老的路上,大部分的身体会如同机器一般,因经年运转,"零件"会有不同程度的损耗,组织、器官、五脏六腑的功能会逐渐出现不同程度的"故障",这便是"病";而有些人则会保持很多年的健康体魄。虽然不同物种生物生命周期不同,具体到人,每个人的寿命长短也不一,但终会抵达生命的终点。

每个人家庭条件、成长环境、求学经历不同,生活经历也不同。即使是双胞胎,他们的生活经历也不尽相同。一个人的生命历程或绚丽多彩,或普通平凡;或悄无声息,或千古流传;或疾病缠身,或身强体壮。雷锋同志所讲的:"人的生命是有限的,可是,为人民服务是无限的,我要把有限的生命,投入到无限的为人民服务之中去。"我们要在有限的生命过程中,积极作为、主动作为,为家庭、为社会留下浓墨重彩、熠熠生辉的一笔,才能不负此生、不枉此生。

正视衰老与疾病

一个人从一出生,其染色体上的端粒的长度,已决定了其物质生命的理论寿命。体细胞每进行一次有丝分裂,染色体每复制一次,端粒就会变短一点儿。端粒没有了,生命就会终止。但事实上,大多数人因生存环境、饮食习惯、工作压力、疾病等各种原因,实际寿命比理论寿命要短些。

曾国藩有句名言:"花未全开月未圆。"意思是在这个世界上,花没有全开的时候,才是最好的;花全开了,离落花就很近了。月亮全圆的时候,就会慢慢变成残月。人的身体也是如此,到达鼎盛时期之前,身体才是最棒的。到达鼎盛时期后,就开始慢慢衰弱。衰老的过程中,各种疾病不可避免。

我们要正视疾病,并科学对待它。西医是哪里出了问题对哪里进行局部治疗,中医是从整体上调理身体。艾灸、推拿、针灸等中医理疗对有些慢性疾病疗效显著。很多疾病并不致命,只要科学治疗,很多人是可以带病生存多年的。

日前,平均年龄74岁的清华学霸们合唱《少年》让诸多网友沸腾。是啊,这群追梦的爷爷奶奶们,历尽千帆,归来仍是少年!

心底有梦,眼中就有光。因为梦想从来都无关年龄,只关热爱。为家庭、为社会,甚至为人类作贡献从来都与身体健康程度无关,只与生命个体的责任心与使命感有关。

不少人都是患病后对生命的价值和意义才有了更深的思考与领悟,所以他们这些人才在科学研究、文艺创作等领域取得了较大的成就。著名作家史铁生在最狂妄的年纪瘫痪,后又患上尿毒症,靠透析维持生命。从21岁开始,他的生命历程便是:"职业是生病,业余在写作。"虽然他59年生命历程中有38年在轮椅上度过,却在文学领域颇有建树,为大众留下了许多优秀的文学作品。

死亡的必然性

生、老、病、死是自然生命历程的必然组成部分,死亡具有必然性。生命是不可逆转的,人死不能复生,更不能轮回。我们目睹到的人的死亡,有寿终正寝的,有不幸夭折的,也有自杀、他杀、意外身亡的,还有在重大灾难如地震、海啸、战争、瘟疫、车祸中身亡的。

死亡终止了生命正常的物质能量交换状态,使得生命原来拥有的一切物质能量关系——空气、水、食物等戛然而止。父母馈赠的生命是有限的,不论对谁都是公平的。每一个人都要正确面对死亡,对死亡不必过分恐惧、焦虑。人固有一死,或重于泰山,或轻于鸿毛。要正确认识死亡,客观地面对死亡,珍惜和热爱活着的每一天,胸怀祖国和家人,奉献社会和家庭,积极投身于坚持和发展中国特色社会主义的伟大实践,让生活充实而幸福。

直面死亡

习近平同志指出:"同自然灾害抗争是人类生存发展的永恒课题。"人生在世,难免会遇到不可抗拒的天灾人祸。应该说,每一次的天灾人祸都是任何人不想看到的,更不是任何人所能控制的。

每一次亲人的逝去,都让我们痛彻心扉,但我们不能一味地沉浸在失去亲人的悲痛中,更不能悲观绝望、自暴自弃!逝者已去,每个人都必须认识到亲人的死亡是无法避免的必然。我们除了必须直面失去亲人的巨大痛苦,还要消除对死亡的恐惧,重拾生活的信心和勇气。更要把失去亲人的痛苦转化为帮助他人、奉献社会的力量,让更多的人感受到爱、感受到温暖。

正如毕淑敏在《提醒幸福》中所说的:"人生总是有灾难。其实大多数人早已练就了对灾难的从容,我们只是还没有学会灾难间隙的快活。我们太多注重了自己警觉苦难,我们太忽视提醒幸福。请从此注意幸福!"我们应该用热情去维护和浇灌生命之花、爱情之花、亲情之花。我们要时常用坚强的生命信念,不断提醒自己:不要让生活中小小的不如意掩盖生命中的幸福,更不能轻言放弃生命。

生命寄语

"人生自古谁无死?留取丹心照汗青。"我们要认识到死亡是无法避免的必然,清醒地明白人生的短暂和无常,更积极、更快乐地活着。用坚定的生命追求与健康的生命观冲淡死亡的悲哀,用崇高的人生信念超越死亡的无奈,为崇高理想信念而矢志奋斗,有意识地提高个体生命质量和家庭幸福指数,最大限度地在有生之年实现和创造自己的人生价值与家庭财富,在参与创造伟大时代的同时创造美好人生与美满家庭,在实现中华民族伟大复兴的中国梦的进程中实现个人梦想与家庭幸福!

主题 ❸ 生命的意义

典型事例

两弹元勋邓稼先 1924 年出生在安徽省怀宁县。在北平上完小学和中学以后,于 1945 年自昆明西南联大毕业。1948 年至 1950 年在美国普渡大学攻读理论物理,获得博士学位后立即乘船回国,立志报效祖国。1950 年 10 月,学成归来后在中国科学院工作。1958 年 8 月,奉命带领几十个大学毕业生开始研究原子弹制造理论。

邓稼先是中国核武器研制与发展的主要组织者、领导者,他始终站在中国原子武器设计制造和研究的第一线,领导许多学者和技术人员,成功地设计出了中国的原子弹和氢弹,把中华民族国防自卫武器引领到了世界先进水平。

1964 年 10 月 16 日,中国爆炸了第一颗原子弹。

1967 年 6 月 17 日,中国爆炸了第一颗氢弹。

1979 年,在一次核试验中,由于投弹的降落伞质量太差,导致核试验失败。为了第一时间找到核弹头,邓稼先和大家分头去寻找遗失在茫茫戈壁滩的核弹头。他这一组先找到核弹头后,为了确认实验失败的核弹有没有爆炸的风险,邓稼先看着身边的年轻人说:"你们还年轻,让我来。"他上去直接用手触摸破碎的核弹,抢先检查起来。就是这一碰,让他受到了严重的核辐射。后来他身患直肠癌,1985 年 8 月做了切除手术。次年 3 月又做了第二次手术。在这期间,他和于敏联合署名写了一份关于中华人民共和国核武器发展的建议书。1986年5月邓稼先又做了第三次手术;7月29日因全身大出血而逝世。在生命的最后一刻,邓稼先说:"不要让人家把我们落得太远……"

事例分析

邓稼先是中国核武器事业的奠基人和开拓者,对国防武器研发作出了巨大贡献。1982年获国家自然科学奖一等奖,1985年获两项国家科技进步奖特等奖,1986年获"全国劳动模范"称号,1987年和1989年各获一项国家科技进步奖特等奖,1999年被追授"两弹一星功勋奖章"。他的一生是为国家核事业奋战、奉献的一生。在美国学成后,立刻回国效力,隐姓埋名,在艰苦环境下苦心钻研几十年。他是当之无愧的两弹元勋,生动地诠释了生命的意义在于奉献、在于付出。

我们要学习两弹元勋邓稼先为了国家甘于奉献、乐于付出、至死不懈的精神。邓稼先生命的意义在于为国奉献、为国解难、为国分忧。我们要心怀梦想、不懈奋进,做有理想、有担当的人,以奋斗之我积极拥抱新时代、奋进新时代。有信念、有梦想、有奋斗、有拼搏、有奉献的人生,才是有意义的人生。

生命探讨

一个完整的生命具有物质、精神、社会三个层面。物质生命即肉体生命,个体的健康程度决定其质量。精神生命指一个人的思想境界,学识、阅历、见识以及思考深度决定其丰富度。社会生命指生命个体对社会发展和人类进步所作的贡献,社会责任感和使命感决定其贡献度。

生命的意义内涵

生命的意义是回答"为什么活着"的问题,是由生命的物质意义、精神意义和社会意义组成的。生命的物质意义是指个体生命存在的意义,是个体用生命去创造所有可能的基础。生命的精神意义是指生命体的个体生命拥有的优良的精神品质所具有的意义。生命的社会意义是指个体生命为社会进步所作的贡献所具有的意义。

人拥有生命,不仅仅是活着,更重要的是要活得精彩,活得有品质,活得富有意义!人的生命超越动物的自然求生、繁衍之上,有着对理想信仰的追求,有着对真善美的追求。个体生命的物质生命是精神生命、社会生命的基础,精神生命、社会生命为物质生命提供目的、意义和价值。一个生命,如果只有物质生命,没有积极向上、拼搏奋斗的精神生命;没有服务人民、奉献祖国的社会生命,那他就只能是一具没有灵魂的行尸走肉。我们要珍惜韶华,自觉按照党和人民的要求锤炼自己、提高自己,丰富自己的精神生命和社会生命,在做好家庭建设的同时,服务人民,奉献社会,在拼搏、奋斗的青春中成就人生华章。

生命的精神意义在于奋斗、在于拼搏

青春是用来奋斗的。拼搏和奋斗本身就是一种幸福。每个奥运冠军成功的背后,不知流了多少汗水和泪水。没有吃苦耐劳的优良品质,哪有许海峰令世人惊骇的"零"的突破?没有多年如一日的顽强拼搏与刻苦训练,哪有中国女排"五连冠"的奇迹?金牌、奖杯是用汗水和泪水铸就的,鲜花、掌声是用汗水和泪水换取的！我们的工作、生活也是这样，没有拼搏，就一定没有收获，当然也不可能有成功。人生也是一个大赛场，不过内容丰富，时间漫长，项目齐全，我们要认真对待人生的每一个项目，不断追求新的目标，在拼搏和奋斗中不断创造人生的辉煌，让美好的生命更加灿烂，更加绚丽多彩！

奋斗的人生才称得上是幸福的人生。所有的成功，都是因为人们拥有战胜困难、持之以恒的奋斗精神与毫不懈怠的拼搏精神。秉持科技报国理想，把为祖国富强、民族振兴、人民幸福贡献力量作为毕生追求，刻苦钻研、勇于创新，取得了一系列重大科技成果，填补了多项国内技术空白，为我国教育科研事业作出了突出贡献的著名地球物理学家黄大年；崇法尚德，践行党的宗旨，捍卫公平正义，特别是在司法改革中，敢啃硬骨头，甘当"燃灯者"，新时期公正为民的好法官、敢于担当的好干部邹碧华……他们都是新时代的奋斗者，为理想而奋斗是他们的信念，也是生命的精神意义的最高境界。奋斗是艰辛的，艰难困苦、玉汝于成，没有艰辛就不是真正的奋斗。每个人都要有理想、有抱负、有希望、有未来，既做追梦者，也做圆梦人。追梦需要激情和理想，圆梦需要奋斗和奉献。我们要用勤奋和拼搏，在奋斗中释放激情、追逐梦想，铸就属于自己的理想与成功！

生命的社会意义在于奉献、在于付出

巴金说过："我的一生始终保持着这样一个信念。生命的意义在于付出，在于给予，而不是接受，也不是在于争取。"家庭是社区的基本单位，也是社会的一分子。对父母来说，子女生命的意义是自己血脉的延续；对孩子来说，父母生命的意义是自己成长的依靠和后盾。作为家庭中的一员,要甘于为家人付出,乐于为家庭奉献。和爱人分担家务,辅导孩子写作业,陪孩子打篮球,侍奉父母,都充分表现出了家庭成员的生命意义。

新冠肺炎疫情期间,以身殉职的抗疫烈士们,为研发疫苗与疫情争分夺秒的科研工作者们,还有那些从全国各地奔赴疫情一线、不计个人生死、用生命挽救生命的白衣战士们,其生命之意义在于付出,在于奉献,在于为国解难、为民解忧。

2020年2月20日晚,武汉市江夏区第一人民医院年仅29岁的彭银华大夫以身殉职。他推迟婚礼上一线,曾连续值班48小时,两天接诊300多名门诊病人,因过度劳累导致抵抗力下降而被感染新冠,他的结婚照成了遗照。

还有2020年春节前后,冒着被感染的风险,一直义务为医护人员提供交通服务,解决夜班护士饮食问题,并赴55公里以外的鄂州葛店为医护人员购买鞋套的快递小哥汪勇……

他们与国家同呼吸、共抗疫,甘于为国奉献,乐于为民付出。关键时刻,他们置个人生死于度外,舍身为国。他们是真正的英雄,是我们学习的榜样!

榜样的力量是无穷的,其生命的意义在于奋斗、在于奉献。我们要学习榜样扎实苦干、奋发作为、恪尽职守、爱国奉献的高尚精神,更要不断付出、给予、奉献、回报。回报父母、家人,奉献社会,关爱大自然,为维护宇宙生命的动态平衡服务。要勇于在艰苦奋斗中净化灵魂、磨砺意志、坚定信念,自觉为家人付出的同时,自觉为人民服务、为人民造福,以奋斗之我努力做出无愧于家庭与社会的成绩。

生命寄语

　　新时代是奋斗者的时代。面对日益复杂的国际环境,面对宗教极端主义、民族分裂主义思潮,我们更要坚定实现中华民族伟大复兴中国梦的理想,坚定中国特色社会主义信念,做好家庭建设的同时,同人民一道拼搏,同祖国一道前进,服务人民、奉献祖国,不断充实自己的社会生命。面对物质主义、消费主义、娱乐至上、极端个人主义,要善于鉴别,坚守本心,要比拼搏比奋斗,逐渐完善自己的精神生命。用自己丰盈的物质生命、精神生命和社会生命,担当起党和人民赋予的历史重任,甘于奉献,乐于付出,在激扬青春、开拓人生、奉献社会的进程中书写无愧于时代的壮丽篇章!

主题 ❹ 生命的价值

典型案例

2020年1月23日10时,武汉因新冠疫情封城!在这危急时刻,仝小林被国家卫健委任命为国家中医药管理局医疗救治专家组共同组长,除夕之夜到达重疫区武汉。

他与其他专家一起深入金银潭医院病区察看病症,从患者的主诉、发病初期症状、发病时长等方面入手,然后诊断舌象脉象,对疾病有了初步的判定。之后,仝小林又去往发热门诊继续了解病人情况。

中医是察色按脉、首辨阴阳,考虑到武汉寒湿的环境及病人的病症,仝小林提出此病整体偏于寒湿,是一个伤阳的主线,疾病的病位应该主要是在肺和脾。

调研的同时,仝小林还牵头制定了《新型冠状病毒肺炎诊疗方案(试行第一版)》中的中医方案。不久,第一版诊疗方案推出,其中的中医方案是中医医疗救治专家组在充分吸收湖北省及武汉市的专家组治疗经验后形成的,对于后续方案的修订起到了奠基作用。

吸纳了广东、浙江、江苏等地的经验,仝小林牵头制定了第三版诊疗方案。随后,仝小林专家团队采纳并推广运用了在多个省份取得良好疗效的"清肺排毒汤"中医药方剂。该方剂对整个疫情控制,特别是防止轻症转重症,起到了重要作用。

仝小林带队来到疫情较重的社区,给居民普及中医防疫知识,发放中药,更好地抓住了疫情防控的主动权。

案例分析

社区防控是疫情防控的基础环节,也是防控疫情传播蔓延的第一道防线。在这次新冠疫情发生时,中国科学院院士、中国中医科学院广安门医院主任医师仝小林,除夕当天便率队紧急奔赴武汉防疫一线,深入走访定点医院、重症病房、社区卫生服务中心、隔离点,不断优化新冠肺炎诊疗方案中的中医治疗方案。面对突发重大公共卫生事件,他在社区及早开展了中医药防控,更好地抓住了疫情防控的主动权。

他是中国科学院院士,也是奋战在抗疫一线的白衣战士。新冠肺炎疫情发生以后,仝小林院士挺身而出,不顾安危带领团队与时间赛跑、同病魔较量,与其他院士一起在抗疫主战场发挥了领军作用。在这场没有硝烟的战争中,仝小林院士用自己精准的预判力和精湛的医术,在实施疫情防控的同时,也实现了个体生命的物质、精神与社会价值。我们要学习仝小林院士,在国家需要我们的时候,能够挺身而出、全力以赴,能够勇于担当、敢于作为,在做好本职工作的同时,最大限度地发挥特长,为国分忧,为民解难。

生命探讨

生命的价值是指人的生命的肯定性内容及其表达方式,是回答"活着是要做什么"的问题。这就关系到价值观的问题。价值观是指个体看待客观事物及评价自己的重要性或社会意义所依据的观念系统,对周围的客观事物(包括人、事、物)的意义、重要性的总评价和总看法,是回答"你认为什么更重要、什么更值得做"的问题。

每个人都要树立正确的生命价值观,积极培育和践行社会主义核心价值观,做一个爱国、敬业、诚信、友善的人,把个体生命的价值同中国特色社会主义的总目标联系起来,在实现中华民族伟大复兴的中国梦、进行家庭建设的同时实现个体生命的物质、精神和社会价值。

生命的价值内涵

生命的价值体现在三个方面。一是生命的物质价值,也就是个体生命能创造物质的价值。从事物质生产的,要看他的产值、利润、创造的经济效益等;从事科研、教育等非物质生产的,要看他们付出的脑力劳动和取得的成就等。二是生命的精神价值,也就是个体生命优良的精神品质对人们的影响。身残志坚、乐观积极、克难攻坚、乐于奉献、勇于牺牲,都是值得大家学习的精神价值。三是生命的社会价值,也就是个体生命为社会进步所作的贡献。科研人员研究出科研成果、医护人员治病救人、教师教书育人、企业家做慈善、志愿者做公益,都是为社会进步作出了自己的贡献。

中国"杂交水稻之父"袁隆平,就是用自己的辛勤劳动解决了十多亿人的吃饭问题,也有力地回答了世界"谁来养活中国"的疑问,既体现了生命的物质价值,又体现了生命的精神价值和社会价值。他的科研成果推广应用产生的增产部分带来的收益,体现了其生命的物质价值。在几十年如一日的杂交水稻研究路上,袁隆平坚韧不拔、刻苦钻研、忘我工作等宝贵的精神品质体现了其生命的精神价值。袁隆平最重要的生命价值体现在其产生的社会价值,他为解决中国粮食自给和世界粮食安全问题作出了巨大贡献,为推动科技和社会进步、加快建设创新型国家贡献了智慧。

树立正确的生命价值观

生命是短暂的,但人们对生命价值的追求却是永恒的。不同的价值追求,形成了不同的生命形态。有些人将生命的价值同金钱划等号,每天只是想着如何才能赚大钱,过上纸醉金迷的生活,唯利是图,不择手段,甚至危害社会,作奸犯科。这是一种片面而又肤浅的认识,是错误的生命价值观。

生命的价值在于以保存和珍惜生命为基础,创造出远远大于生命本身的价值。不同生命个体生命价值的大小,是由个体人生目标的境界及实现程度来决定的。个体人生目标是否与所处社会的总体理想目标相一致,个体为实现这一目标作出的努力程度,决定了该生命个体的生命物质价值。

生命的价值更在于敢于担当,勇于作为。作为家庭中的一员,在家人需要的时候,能够挺身而出,为家人遮风挡雨。赡养父母是义不容辞的事情,抚养教育子女更是责无旁贷。为父母求病问医,陪伴子女成长,与爱人同舟共济,都充分体现了我们作为家庭成员的价值。

在新冠肺炎疫情防控期间,面对突然爆发的陌生病毒,面对急速扩散的疫情,那些不计个人生死,奔赴重疫区一线,用生命挽救生命的医护人员、武警战士;那些为遏制疫情蔓延,全力以赴,与疫情赛跑,研究病毒发病机理、研发病毒疫苗的科研人员……他们为国家、为人民担当作为,为挽救更多人的生命竭尽全力,其生命之社会价值重于泰山。

我们每个人都要确立正确的生命价值观,即生命的价值不仅仅在于存在本身,更在于担当、在于作为,在于为家庭、为社会、为国家负起责任,在于关键时刻能够挺身而出,为家担责,为国分忧,为民解难。

让生命更有价值

地球上生存的每一个生命,都有其存在的价值。不同生物的生命价值不同。观赏植物百花争艳,其生命的价值之一是为了让大家赏心悦目,可以更好地装扮世界;珍稀动植物物以稀为贵,其生命的价值之一是为了保持地球生物多样性;可做药材的动植物,其生命的价值之一还在于去病除疾,造福人类。

动植物都不仅仅是为了活着而活着,作为地球上最智慧的生命,我们人类更不能只是为了活着而活着,而应该赋予自己的生命以更多、更大的价值,最大限度地实现自我发展和自我创造,从而活得更好、更精彩、更有意义、更有内涵,让我们的生命更有价值。

不同的人,生命的价值亦不同。生命的价值具有个体差异性。人生的不同阶段,生命的价值亦不同。婴幼儿阶段,生命的价值主要是健康成长;求学阶段,生命的价值主要是习得以后赖以生存的知识和技能;入职工作后,生命的价值主要是做好本职工作,完成个人生命价值的自我实现和自我创造;结婚成家后,生命的价值的一部分是经营婚姻,承担自己的家庭责任;为人父母后,生命的价值增添了新的内涵,那就是抚养教育子女成人成才;父母老了,为人子女的生命的价值是孝敬父母、赡养父母安度晚年。

生命的价值具有时效性。见义勇为的英雄,那一瞬间生命的价值无与伦比!若某一阶段,事情繁杂,而我们的精力有限,生命的价值如何实现呢?事情有轻重缓急,我们只能侧重一方面或其中几方面,能最大限度地体现我们生命的价值即可。

生命的价值到底如何衡量、计算、比较?不能说卖茶叶蛋的人生命的价值就不如造原子弹的。若让造原子弹的人去卖茶叶蛋,那他的生命的价值体现则近乎零;若让卖茶叶蛋的去造原子弹,他的生命的价值体现也为零。术业有专攻,各行各业都在专业化。一个人,他的专业是什么,他最擅长的是什么,那他生命的价值的最大体现就是什么。物尽其用,人尽其才,生命的价值才能发挥得淋漓尽致。

我们还要善于识别生命中的"杂草",要及时拔去生命中的"荒草"。确立正确的价值取向,在个人奋斗中释放激情、追逐理想、淬砺生命品质、锻造生命价值、谱写生命乐章、演绎生命精彩,以奋斗之我,为家庭建设添砖加瓦,为民族复兴铺路架桥,从而使我们的生命更有价值。这样,我们的生命才会更加光彩夺目!

生命寄语

亲爱的朋友们,我们在珍爱生命、敬畏生命的同时还需要呵护生命、经营生命。要树立正确的生命价值观,坚定跟着中国共产党走中国道路。要有担当、有作为,在做好自己本职工作的同时,负起自己的家庭责任。在祖国和人民需要的时候,还要敢于担当,勇于作为,为国分忧,为民解难。为维护宇宙生命的动态平衡服务,为祖国繁荣富强开拓奋进、锐意创新,最大限度地推动社会进步。

主题 ❺ 婚姻不易，且行且珍惜

典型案例

2018年10月底，天津男子泰国普吉岛"杀妻骗保"案震惊国内外。

2018年10月底，张某凡带着妻子张英和一岁多的女儿住进了位于泰国普吉岛的帕瑞莎酒店。随后，妻子被发现死在酒店的游泳池中。尸检报告显示，张英的脖子、胸部、手臂均有伤口；眼膜、脖子、胸部有出血点；第5根肋骨折断；肝有瘀青并且撕断，脾及肾两边有淤血……其死亡原因为"溺水缺氧而亡"。随后，在泰国警方审讯中，张某凡承认自己是杀害妻子的凶手。

后续调查发现，在去泰国度假前，张某凡先后陆陆续续地为妻子购买了近3000万保额的保险，且受益人均为张某凡本人。由此，一起"杀妻骗保案"浮出水面。

2018年12月11日，天津警方对张某凡涉嫌保险诈骗立案侦查。

天津市公安局出具的"张某凡涉嫌保险诈骗案（涉案保单）"明细目录显示，张某凡曾以自己和妻子的名义，先后在11家不同保险公司购买了大额保单，投保额274649元，保险额总价值2676万元，险种涉及11种，被保人均为受害人，受益人均为张某凡本人。

2019年12月24日，案件历时一年多后，张某凡在泰国普吉府法院被判处无期徒刑。

案例分析

天津男子泰国普吉岛"杀妻骗保"案震惊国内外。这让不少人在对婚姻的美好憧憬里,对婚姻安全性多了份理性思考。当婚姻里充满了危险与算计,人身安全都不能被保障时,安全婚姻成为大家对婚姻的最低要求,人身安全成为婚姻的底线。朋友们要擦亮眼睛,谨防婚姻被有心人加以利用,进行谋财害命的算计、成为发财致富的捷径。另外,婚姻中还要对个人婚前财产与婚后家庭财务做到心中有数,要留意知晓家庭大笔款项去向,做好安全防范,把自己的人身安全、财产安全放在心上。

生命探讨

马伊琍的一句"婚姻不易,且行且珍惜"撼动了多少人的内心!是啊,婚姻像围城,恋爱的人以为婚姻像恋爱一样美好,所以迫切想要步入婚姻殿堂。然而,婚姻却是柴米油盐酱醋茶交响曲,多少身在其中的夫妻,自以为深厚的感情被现实打得支离破碎。经济基础、婆媳关系、双方家庭、外界因素……无不影响着现代婚姻的质量。那么,我们应该如何处理好家庭危机,经营好婚姻呢?

现代婚姻的主要类型

婚姻的形式种类很多,依据不同的标准可以有不同的划分。随着社会的发展,近些年出现了很多新类型婚姻。以是否真实为标准划分,可以分为现实婚姻与虚拟婚姻;以男娶女嫁还是男到女家为标准划分,可分为聘娶婚和入赘婚;以家庭财务管理权来划分,可分为传统婚姻和 AA 制婚姻;以夫妻双方居住地来划分,可分为同地婚姻、异地婚姻、两头婚。

虚拟婚姻并不是真正的婚姻,应该算精神婚姻吧。有些人在现实婚姻中得不到伴侣的理解,便在网络中寻求寄托,便产生了虚拟婚姻。异地婚姻其实存在已久,旧时的留守婚姻便是其中的一种:丈夫出门或求学或经商或做官,妻子留守家中侍奉公婆、养育子女。现在的异地婚姻,除留守婚姻外,更多的原因是夫妻双方在异地工作。异地婚姻也是因人而异,有些夫妻可以耐得住寂寞,彼此忠诚;有些夫妻双方或其中一方耐不住寂寞,背叛婚姻,使婚姻亮起了红灯。

无论哪种婚姻形式,双方能接受并觉得相处舒服就行。每个人都可以根据双方实际情况采取适合的婚姻形式。

两头婚

两头婚是江浙农村独生子女家庭兴起的一种新的婚姻形式,既不是男娶女嫁,也不属于女招男入赘。其特点是男女双方两头皆是婚娶婚嫁,夫妻皆未完全从各自的原生家庭中独立出来,两头走。

两头婚家庭一般会生育两个孩子,第一个孩子无论男女都随父姓,以由男方抚养为主;第二个孩子无论男女都随母姓,以女方抚养为主。在两头婚家庭里,没有外公外婆的概念,小孩对爸爸妈妈的父母都叫爷爷奶奶。

AA 制婚姻

目前,不少家庭尤其是年轻夫妇开始流行 AA 制婚姻。家庭开支AA制,买房子AA制,赡养老人AA制,甚至生孩子、养孩子也实行AA制。那么,AA制婚姻有哪些特点呢?

1. 房产AA制降低婚姻风险

有些家庭虽然没有明确说明,但在财产约定方面,其实已经实施了AA制。由于现在婚姻成本较高,尤其是大城市,一套婚房动辄数百万,而80后、90后的年轻夫妇大都是独生子女,一言不合而离婚者大有人在。所以,房产AA制就显得很有必要了。最公正的房产AA制是婚前购房时男方女方各出了多少钱,不动产证上便按出资比例写明双方的房产比例。AA制婚姻的优点是,把有可能发生的经济纠纷摆在了明面上,不需要在婚姻里算计和防备。

2. 生孩子AA制如何计算?

有些家庭,生孩子、养孩子的费用都要AA制,这显然对女方极不公平。因为在怀孕、生孩子期间,女方的误工费、营养费虽然可以计算,但身体损伤、身材走形以及压力焦虑等精神损伤却无法用金钱来计算。

3. AA制财产分配

AA制婚姻,婚内是夫妻双方各花各的,部分AA制婚姻对婚姻关系存续期间所得的财产以及婚前财产有约定的书面协议,离婚时按协议进行财产的分配。如果夫妻未进行书面约定,则婚后所得为夫妻共同财产,离婚时夫妻的共同财产由双方协议处理;若是双方协议不成,则由人民法院根据财产的具体情况,按照适当照顾子女和女方权益的原则进行判决,而夫妻一方所有的财产,在共同生活中消耗、毁损、灭失的,另一方不予补偿。

影响婚姻幸福感的主要因素

1.经济基础

政治经济学告诉我们,经济基础决定上层建筑。家庭经济基础好,在一定程度上能增强婚姻幸福感,但两者也不是呈绝对正相关。有时候,经济基础太好了,家里太有钱了,反而会滋长一些人的恶习,或者让一些人有恃无恐,做出一些背叛婚姻的事情,反而会降低婚姻幸福指数。另外,有些人跌入网络金融陷阱,损失惨重,还有些人投资失利,使家庭蒙受重大经济损失,这些事件的发生也会影响婚姻幸福感和稳定性。

2.双方价值观

价值观是指个体看待客观事物及评价自己的重要性或社会意义所依据的观念系统,对周围的客观事物(人、事、物)的意义、重要性的总评价和总看法,是回答"你认为什么更重要,什么更值得做"的问题。生命个体在各自的价值观的引导下,会形成自己的价值取向,追求自己认为最有价值的东西。

好的婚姻,夫妻双方兴趣爱好不一定要一致,但价值观一定要一致。价值观不同,价值取向不同,人生追求便会不同。生活中便会在很多事情上发生分歧,争吵不休,婚前再浓烈的感情也会被消耗掉。比如说日常生活中,一方贪图享受,认为吃喝玩乐比较重要,另一方努力上进,认为奋斗打拼比较重要;一方追求奢侈爱攀比,另一方厉行节约勤俭持家……价值观如此迥异的夫妻,自然会矛盾重重,"鸡同鸭讲"般难沟通,日常很难达成一致。所以,夫妻双方价值观是否一致,直接关系到婚姻的幸福指数和稳固程度。

3.婆媳关系

婆媳关系是影响现代婚姻的主要因素之一。婆媳二人,爱着同一个男人,一个是母子之爱,一个是夫妻之爱,本应共同为了这个男人生活得更幸福,互相体谅,彼此包容。可现实生活中,却有不少婆媳互相看不惯,彼此水火不容。一个不被婆婆认可的儿媳妇,婚姻幸福感也不会太高。不少家庭就是因为婆媳关系恶劣而解散的。

4.双方家庭关系

现代家庭不仅仅是关乎两个人的事情,更多的是关乎两个家庭的事情。比如如今江浙一带流行的两头婚,夫妻双方都是独生子女,两边都有婚房,双方都不出彩礼,逢年过节各回各家、各找各妈,提前约定根据顺序孩子姓哪一方的姓。两个家庭之间如果出现大的矛盾分歧,就会波及小家庭的稳定与幸福。

5.婚外情

随着社交软件和网络的发展,现代人的社交圈有了很大变化。不少夫妻一方或双方出轨陷入了婚外情,极大地影响了夫妻情分与婚姻的稳定性。曾经的"上海第一美女",因丈夫出轨,精神严重受创而跳楼身亡的事件曾轰动一时。现代婚姻中,夫妻双方即使做不到举案齐眉,也应做到忠诚相待。

践行正确的家庭价值观

婚姻缔结为家庭,家庭是社会的基本组成单位。婚姻中,只有践行正确的家庭价值观,才会有正确的价值导向,才能明辨是非,分得清大是大非,婚姻这艘小船才能行得稳、走得对。如此,婚姻才能幸福、长久。

1.家庭价值观释义

家庭价值观是指家庭判断是非的标准以及对某件事情的价值所持的态度,它规范了各个家庭成员的行为方式,也深深影响着家庭成员对外界干预的感受和反应性的行为。一个家庭在代代传承中形成的具有相对固定内涵的家庭价值观,对每个家庭成员不仅有着浓厚的亲和力和凝聚力,还有着强大的影响力和约束力。

2.践行正确的家庭价值观

家庭价值观要与时代要求相适应,要具有为时代所需要、为社会所普遍认同的文明家风。好的婚姻要践行正确的家庭价值观:

①要在家庭中培育和践行社会主义核心价值观,引导家庭成员特别是下一代热爱党、热爱祖国、热爱人民、热爱中华民族。

②倡导家庭成员勤俭持家、努力上进、奋斗拼搏、勤劳致富理念,倡导忠诚、责任、亲情、学习、公益理念,营造平等公平、积极向上、和谐团结、良好沟通的家庭氛围,增强家庭凝聚力。

③摒弃唯利是图、不务正业、投机取巧、不劳而获的"致富"观念,否定自私自利、贪图享受、好逸恶劳、逃避责任理念,否定拉帮结派、诋毁诽谤、攀比消费、无事生非的家庭氛围,反对吃喝玩乐嫖赌抽行为,抵制违法犯罪行为。

④倡导家庭成员在为家庭谋幸福、为他人送温暖、为社会作贡献的过程中提高精神境界、培育文明风尚。

经营婚姻

毋庸置疑,婚姻是需要经营的。

1.好的婚姻要谈钱

有人说谈钱伤感情,但好的婚姻一定要谈钱。现代社会,婚姻的成本太高,尤其是在一些一线、二线城市,买婚房、办婚礼耗费了两个家庭几代人积累的财富,小两口感情好时,不分你我,一切都好;小两口感情出现问题时,鸡飞狗跳,甚至上电视台调解栏目、上法庭理论。所以好的婚姻,必须是先理性后感性,谈情说爱的同时也要谈钱。

虽说钱不是衡量一切的唯一标尺,但夫妻双方愿不愿意把各自的钱和伴侣分享、愿不愿意把各自的钱拿出来投入到家庭建设和子女教育上,可以检验出一个人是否足够把伴侣放在心上、把这个家放在心上。在实际家庭生活中,有老公管钱的,有老婆管钱的,还有各管各AA制的。哪种方式不重要,只要彼此觉得舒服、合适就好。

2.包容与体谅

金无足赤,人无完人。每个人都有优点和缺点。恋爱时看到的都是优点,结婚后暴露的全是缺点。夫妻之间更重要的是彼此包容对方的缺点和不足,体谅对方的不易。彼此包容、相互体谅才能留住爱意。在一个充满爱和信任的家庭里,夫妻俩才会把家庭的总体发展作为前提来考虑,才会获得幸福感,整个家庭财富增长才会更快。如此,婚姻才能长久。

3.理解与尊重

夫妻双方的原生家庭、阅历经历、学历学识、专业技能、志趣爱好不可能完全相同,好的婚姻夫妻双方能够换位思考,理解对方,尊重对方。

工作无贵贱之分,无论夫妻俩从事何种职业,只有互相尊重,互相支持,才能彼此成就。

4.良好沟通

当夫妻双方意见不一致时,该如何处理?比如说家庭财务规划方面,一方认为投资期货股票比较重要,另一方却认为存钱比较重要;或者一方觉得教育投资比较重要,另一方却觉得买房买车比较重要。又比如说子女教育方面,一方以为孩子快乐成长就好,另一方以为孩子需要早教,利于成才。双方需要就意见不一致的问题摆事实、讲道理,好好沟通,达成一致。

5.同甘共苦共进退

俗话说:"夫妻本是同林鸟,大难临头各自飞。"还有句话叫"患难见真情"。没有人会一帆风顺,当一方在生活工作中遇到困难时,另一方要与之同甘苦共进退,互相帮助渡过难关。如此,婚姻才会牢固。现实生活中,也有不少夫妻在创业之初能共患难,联手打江山,但发达后,男方往往不能和结发妻子共富贵。

生命寄语

婚姻的安全性,成为了现代婚姻要考虑的第一要素。婚姻中夫妻无论哪一方人身安全、财产安全受到威胁、损伤,都会令人扼腕叹息。爱情是感情交换,婚姻是价值交换。好的婚姻要谈物质,更需要用心经营。相爱容易相处难,在婚姻中更重要的是要多包容对方、体谅对方,给对方足够的理解和尊重。意见不一致时,双方更要交流沟通,贫困时要能共患难,发达后要能共富贵。好的婚姻还需要践行正确的家庭价值观,这就需要用社会主义核心价值观引领家庭文明建设、锤炼个人品德、书写家庭美德。

主题 ❻ 婆媳相处有道

典型案例

"阿欢,你想要找一个什么样的姑娘呢?"1930年,徐志摩的前妻张幼仪询问唯一的儿子徐积楷的择偶要求。"我只对长得好看的姑娘感兴趣。"22岁的徐积楷回答她。后来,徐积楷相亲时对张粹文一见钟情。1938年,张幼仪在上海为他们操办了隆重的婚礼。婚后,张幼仪时常告诫儿媳要不断学习,"只有不断提升自己的女人,才能把握生活的主动权",张幼仪经常向儿媳灌输这样的理念。

张幼仪为儿媳妇聘请了家教,帮助儿媳学习各种外文和其他课程。在张幼仪的帮助和引导下,张粹文逐渐成长为一个既漂亮又有才的女人。后来,张粹文生育了三女一儿,和丈夫徐积楷的关系也一直很好。

1947年,在张粹文生下儿子后不久,徐积楷得到了留学机会,他将前往美国哥伦比亚大学和纽约布鲁克林理工学院攻读商科和土木工程。

那段时间,张幼仪每晚都难以入眠。她想起了自己:当年,也正是因为丈夫留学,她和丈夫的差距才越拉越大,最终两人才离婚的!如今,儿子出国留学,家里四个孩子要照顾,留在家里的张粹文,也正面临着和自己当年同样的处境。

为避免儿媳重蹈自己的覆辙,张幼仪为儿媳做了一次抉择,改变了儿媳的命运。她对儿子说:"让粹文跟你去美国留学,你们一起去学习,四个孩子都由我一个人照顾。"后来,随同丈夫一起留美的张粹文,进入了特拉法根设计学院学习时装设计。她也始终没有辜负张幼仪的良苦用心。经过不断学习后,张粹文对于服装美学有了自己独到的见解与创意,她的设计作品还曾在纽约第五大道著名的塞克斯服装店被展示。

这以后,直到儿子儿媳工作后的几年时间里,一直都是张幼仪一个人照顾着四个孩子。徐积楷夫妇留学那年,四个孩子的年龄分别是6岁、3岁、2岁、1岁。

案例分析

案例中的张幼仪,堪称世间婆婆的典范。有很多旧时的婆婆,在自己当媳妇时,受了很多不公平的对待,吃了很多苦。自己从媳妇熬成婆后,便要折磨儿媳妇,让儿媳妇也经受自己曾经受过的辛苦和委屈。这是心理扭曲的一种表现,是不可取的。

当年在人生地不熟的欧洲乡下,刚生下孩子尚在坐月子的张幼仪,被丈夫徐志摩要求签下了离婚协议。到自己做婆婆后,她没有因为自己做媳妇时,被丈夫辜负、抛弃,便让自己的儿媳妇有被辜负、被抛弃的可能,而是从儿媳妇进门开始,就用心良苦,帮助儿媳不断学习,促使儿媳一直进步,让儿媳成为一个懂得适时提升自己、能够与丈夫比肩的女子,最大限度地避免儿媳重复自己的悲剧。新时代婆婆要学习张幼仪这种能设身处地为儿媳着想的思想与做法,与儿媳友好相处,构建和谐家庭、和谐社区。

生命探讨

婆媳关系是个世纪难题,有些家庭因婆媳关系紧张而鸡飞狗跳,不得安宁;有些家庭因婆媳关系恶化而四分五裂,婚姻不存。不幸的家庭各有各的不幸,而幸福的家庭都是相似的,其中很关键的一点就是婆媳关系一定很融洽。

那么,应该如何保持婆媳关系融洽呢?婆媳相处有哪些小窍门呢?

几种常见的婆媳关系

1.婆婆将就媳妇型

现在,不少农村家庭,或是因农村男多女少,或是因家庭贫穷,好不容易娶个媳妇,生怕媳妇一不高兴,不想过了,跑了。这样的情形之下,婆婆和一家人都只能将就着儿媳,也造就了无数的农村"少奶奶"。

这些"少奶奶"们不做家务,不带娃,也不出去打工挣钱。每天基本上在玩手机、逛街、打麻将、买彩票中度过。其中有些人,拿着丈夫下煤窑、做苦力的血汗钱,吃喝玩乐,恣意挥霍。

"少奶奶"们的农村婆婆一般会包揽做饭、洗衣服等家务活,脏活粗活更是不敢让媳妇去干,将媳妇当作公主供着,只是为了让家庭完整、和睦、融洽。

2.婆婆挑剔媳妇型

这类婆婆因为想要掌控儿子的生活,觉得自己辛辛苦苦养大的儿子,好不容易成才了,能挣钱了,突然跑出来个女人来和她争夺儿子的爱、儿子的关心体贴……这是她不能容忍的,但是她又不能对儿子实话实说。所以,她就成天鸡蛋里面挑骨头,寻找一切机会贬低媳妇,说媳妇不是。看到儿子媳妇吵架怄气,她就高兴了。这,其实也是心理扭曲的表现。

世界很奇妙,"凤凰男"娶上"白富美",本应是人间佳话。可偏偏有不少这样的家庭,农村婆婆却以为是自家儿子有本事,也有可能是嫉妒心作祟,反而对城市媳妇百般挑剔,各种打压。故而农村婆婆"大战"城市媳妇的闹剧时有发生。

人真的是个奇怪的物种,娶个什么活都不做的农村媳妇,只怕人家跑了,一家子都供着,只差烧把香了。娶个有能力的媳妇,婆婆就各种挑剔各种作。有不少本该幸福美满的家庭,就因为婆婆的各种挑剔、无事生非和挑拨离间而破碎。

3.婆媳互爱互助型

目前,大部分家庭是属于这种类型的。不少婆婆从媳妇进门,就开始照顾她。媳妇则是"你助我困,我养你老"。在媳妇怀孕、生孩子、坐月子、带孩子等最无助最需要人照顾的时候,婆婆能伸出援手,支持帮助。将来婆婆年龄大了,媳妇也会照顾有加,让婆婆安度晚年。

4.婆媳互不干涉型

距离产生美,婆媳关系也是如此。有些家庭中,婆媳各自独立生活,都有自己的生活圈。平时没有大的事情,很少见面。节假日大家才在一起聚一聚。媳妇有什么事情,一般自己解决,生孩子、坐月子、看孩子一般向娘家妈求助,不麻烦婆婆。婆婆有什么事情,找自己的儿子解决,也不麻烦媳妇。这样的婆媳关系看似寡淡,但也减少了很多矛盾与冲突。

5.婆媳互相伤害型

婆媳本是两代人,出生年代不同、生长环境不同、原生家庭不同,很多观念习惯皆不同。有些家庭的婆媳互看对方不顺眼,针尖对麦芒,互相伤害。婆媳双方或一方坚持自己是对的,认为对方是错的。在各自的世界里,攻击对方成了生活的主要内容之一。还有的婆婆,管得实在太多,管了儿子日常不说,还要管儿媳的日常,这也是婆媳关系交恶的原因之一。

婆媳关系关键在儿子/丈夫

婆媳关系的关键在他们共同的男人——婆婆的儿子、媳妇的丈夫身上。一个女人,把儿子从嗷嗷待哺的婴儿一把屎、一把尿拉扯大,费尽心血将他养育成人、培养成才,他却很快就恋爱结婚,成了另一个女人的倚仗。从潜意识中,很多婆婆都觉得媳妇夺走了儿子的关注和爱,内心无意识地对媳妇就有一些抗拒,所以,儿子要哄了婆婆再哄媳妇,让两边都认为自己更重要,都做些让步。

另外,做儿子的也要头脑清醒,要明白自己是协调婆媳关系的关键人物。如果婆媳实在难以共处,那就和母亲分开过,平时也不要过多地在母亲跟前提到媳妇的事情,更不要和母亲讨论小家庭的日常细节。

婆媳相处之道

1.做婆婆的最高境界

做婆婆的最高境界当属张幼仪,她能设身处地为儿媳着想,帮助儿媳提高自己,让儿媳不断成长,为儿媳保驾护航,使儿媳免去后顾之忧。就是放在现在,这样的婆婆也不多见。当然,很多婆婆没有张幼仪那样的阅历、见识和见解,能做到和媳妇互帮互助也就不错了。

2.换位思考,多为对方着想

无论是婆婆还是媳妇,只要能够做到换位思考,站在对方的角度考虑问题,那么,婆媳关系自然就会融洽。婆婆要想着,儿媳孤身一人,来到婆家,为婆家生儿育女,本就不易。儿媳要想着,婆婆一辈子也不容易。有些婆婆年龄大了,就有些糊涂,脑子不清醒,媳妇不要和她一般见识。

还有些家庭,婆婆尽心尽力照顾媳妇,但只要有一天没带孩子,媳妇就会给婆婆打电话:"这个孙子你们还要吗?"婆婆在她们眼里,是不知疲倦的保姆,需要一天24小时随时待命照顾她们。将心比心,自己的妈你舍得让她忙得像陀螺连轴转吗?自己是孩子的妈,是孩子的监护人,不是更应该为孩子付出吗?婆婆年纪大了,体力精力远不如年轻人,媳妇应该多体谅婆婆。

3.彼此包容,不要互相攻击

婆媳在一起时间久了,有些冲突和矛盾是不可避免的。这就需要彼此包容。家不是讲理的地方,是讲爱的地方。人非圣贤,孰能无过?谁都有做得不对的时候,谁都有闹情绪的时候,谁都有心情不好的时候。婆婆和媳妇要互相包容,互相体谅。婆媳发生冲突,互相攻击,最难做的是婆媳共同爱着的男人——婆婆的儿子、媳妇的丈夫。

4.最好的相处方式是彼此对对方不做要求

婆媳之间最好的相处方式是彼此对对方不做要求。同为女人,都不容易。女人可以不帮女人,但女人一定不要为难女人。

有些婆婆,在儿媳最需要照顾和帮助时,不闻不问。儿媳通情达理,自己想办法克服困难,不对婆婆提任何要求。但是,婆婆却对儿媳各种挑剔,要求颇多,让人百思不得其解。

每个做婆婆的都是从媳妇熬过来的。女人一生中最艰难的日子就是怀孕生孩子期间,这个阶段最需要人照顾,很多婆媳矛盾也是在这个阶段产生的。再就是带孩子阶段。很多职业女性在这个阶段既要和男性一样上班,回家后还要带孩子,每天的劳动量和劳动时间都远大于她的丈夫。如果婆婆不能在儿媳最需要照顾时照顾她,就请不要挑剔她,不要对她提任何要求。

5.做婆婆的要一碗水端平

在兄弟众多的大家庭中,儿子的受宠程度不同,直接影响到儿媳妇的受宠程度。另外,几个儿媳妇的家庭出身、文化背景、受教育程度、工作性质、性格、人品不同,与公婆相处时间长短不同,与公婆的融洽程度就不同。譬如,有的家庭,大儿媳忙于工作与照顾孩子,和婆婆相处的时间短;小儿媳不工作、不挣钱、不干活,会撒娇,会讨婆婆欢心,成天无事生非,挑拨离间,在婆婆跟前说大儿媳的坏话。新时代婆婆对待几个儿媳要一碗水端平,要公平对待,要一样地包容。

6.提高认识

俗话说,有能力的到外面打天下,没能力的才在家争长短。社会主义制度,给了广大女性广阔的发展空间,每个女性都可以根据自己的特点,发展自己。即使是老年人,也可以上老年大学、学英语、练书法、写回忆录,努力提升自己,完全没有必要把知识和能力用在对付另一个女人身上。

生命寄语

家和万事兴。家庭和睦，才能解除广大女性的后顾之忧。广大女性要提高认识，放宽胸怀。不要把有限的精力放在琐碎的婆媳争执上。学历高、能力强者，可以把精力放在事业上，著书立说、经营投资、干事创业，实现自己的人生价值。能力次之的，做好自己的本职工作，经营好自己的家庭，教育好自己的孩子。不愿意出去工作的，在家做好后勤工作，照顾好孩子，为家人解除后顾之忧的同时也体现了自己的价值。同时，与婆婆(儿媳)友好相处，处理好家庭关系，做好后辈的表率，为构建和谐社区、和谐社会贡献自己的一份力量。

主题 ❼ 抚养和教育同等重要

典型案例

2015年6月9日晚11点半,贵州毕节市4名儿童在家中疑似农药中毒,经抢救无效死亡。四兄妹中,年纪最大的哥哥13岁,三个妹妹分别为9岁、8岁和5岁。这4个孩子平时无人照料,相依为命。经公安机关现场勘查和尸检,4名儿童均系口服"敌敌畏"中毒死亡,排除他杀可能。

"谢谢你们的好意,我知道你们对我的好,但是我该走了。我曾经发誓活不过15岁,死亡是我多年的梦想,今天清零了!"哥哥留下的遗书中有这样的语句。

孩子们的父亲张方其大约10年前开始出门打工,孩子们的母亲于2013年2月离家出走。随后男方时常外出打工,家庭日常事务主要由长子张启刚承担,包括照顾3个妹妹、饲养生猪等。在父母先后离家后,4个子女性情发生变化,不愿与外界接触,经常闭门不出,甚至亲属也叫不开门。最终,兄妹4人服农药自杀身亡。

案例分析

是什么样的绝望让孩子们生无可恋、义无反顾地走向死亡?对于四兄妹的悲剧,当地许多村民归结为是孩子们严重缺乏父爱母爱的结果:"爸爸妈妈要么都不在家,回家碰到一起就当着孩子的面吵架。"家庭中爱的缺失,让孩子们的内心极度缺乏安全感。妈妈离家出走,让四兄妹觉得自己被抛弃了,从而觉得对这个世界再无留恋,错误地把死亡当作他们多年的梦想,毅然决然集体赴死。

看了这个案例,我们每个人都要引以为戒,既然生下了孩子,就要对他(她)负责。用尽量多的时间陪伴他,好好爱他,耐心抚养他,真心教育他,培养他,直至他成人成才。这样,才不会枉为人母、枉为人父。

生命探讨

抚养和教育未成年子女,是每一位中华人民共和国公民的责任和义务。令人叹惜的是,很多人还没有准备好做父母,却已为人父母;很多人为人父母多年,其实还不会做父母。

抚养教育子女责无旁贷

《宪法》第四十九条第三款规定父母有抚养教育未成年子女的义务。《民法典》第二十六条:"父母对未成年子女负有抚养、教育和保护的义务。"第一千零六十七条规定:"父母不履行抚养义务的,未成年子女或不能独立生活的成年子女,有要求父母给付抚养费的权利。"但法律只能让不尽抚养义务的父母经济上有所付出,对于子女的关爱、抚养、教育却无法规定。

为人父母者,抚养教育子女成人成才,本是天经地义、责无旁贷。可是有很多人,或是经济困难,或是能力有限,或是没有做好为人父母的准备……有的生而不养抛弃亲生子女,有的将子女寄养在亲戚、老人处,有的让子女留守家中,有的养在身边却不好好教育他……凡此种种,都是极端不负责任的做法。生而不养,养而不教,枉为父母。如果是个人或家庭经济困难,可以等经济条件好转再为人父母。如果心里只有自己,给不了孩子完整的爱,那为什么要给他生命呢?

当前家庭教育存在的主要问题及对策

父母才是最好的老师,父母的言传身教是孩子最好的榜样,父母的关心和爱会使孩子备受鼓舞。那么,当前家庭教育主要存在哪些问题呢?有哪些好的对策呢?

1.存在问题:把孩子完全交给学校,交给老师。

对策:父母应多了解孩子的学习和人际关系情况,与孩子积极沟通,及时解决孩子在学习和社交中遇到的问题。

2.存在问题:对孩子的教育趋于物质化,家长成了孩子单纯的提款机。

对策:钱可以解决孩子一部分教育问题,但不能解决孩子全部的教育问题。要尽可能多地关心孩子、陪伴孩子,与孩子一起探讨学习、生活中遇到的问题。

3.存在问题:只关注孩子的学习,不了解青少年身心发展的规律,忽视了青少年渴望得到理解与尊重的需求,缺乏科学的家庭教育理念和方法。

策略:父母要阅读一些教育学、心理学方面的文章与书籍,多了解青少年身心发展规律,尊重孩子作为生命个体的尊严。尽可能多地通过各种途径学习科学的家庭教育理念与方法。

4.存在问题:对孩子或者期望值过高,或者漠不关心,加剧了部分青少年心理问题的出现,如厌学、离家出走、犯罪自杀等。

对策:父母首先要接受自己的孩子只是个普通孩子,因为自己就是个普通人。自己当学生时没能做到的事情,孩子如果做到了,是惊喜;做不到,是正常。另外,孩子的健康成长需要父母用爱来浇灌。缺爱的孩子,往往敏感、自卑,缺乏安全感。

5.存在问题:电子产品泛滥。

对策:现在的孩子,还没有学会走路,已学会了玩手机。父母应尽可能少地在孩子面前玩手机等电子产品。对小孩子来说,看不见就不会沉迷其中。对大一些的孩子,要限制他使用电子产品的时间和内容,当然,大人首先要以身作则。

6.存在问题:对孩子或者过分包揽,或者无限纵容、溺爱,使孩子不懂感恩,自我中心严重,没有责任感。

对策:独生子女居多的现代家庭,不少孩子是家里的"小公主""小皇帝"。父母要承担起抚养教育责任,但不可过度溺爱。中国人民公安大学李玫瑾教授认为,孩子6岁前家长如果没有拒绝过他的无理要求,那这个孩子以后会很难管教。要从小就对孩子进行劳动教育,让孩子自己的事情自己干。还要适当约束孩子,告诉孩子哪些事情不能干,哪些事情不可以做。

12岁之前尽量避免接触电子产品

联合国开发计划署前高级经济师弗拉维奥认为,孩子们在12岁之前应当尽量避免接触电子产品。因为过度的虚拟生活会导致孩子们产生行为方面的问题,比如喜欢寻求即时满足。另外,过度地使用电子设备会限制他们的神经连接,影响神经系统的发育与功能。孩子们在自己的封闭空间里成长,难以开放、外向发展,会影响孩子们的沟通能力、合作能力与社交能力。英国和美国医学会也建议,12岁前最好不要让孩子过多地接触电子产品。

安全感——子女对父母最大的需求

心理学家认为,父母的陪伴才能给孩子以安全感,安全感才是子女对父母最大的需求。很多人到了老年才有机会当父母,却是替自己的孩子带孩子。很多人不明白,陪伴才是孩子最需要的。孩子成长的路上能有父母的一路陪伴,才会感到幸福、安心。

美国心理学家马斯洛的人类需求金字塔理论告诉我们,人的需求由低到高分为生理需求、安全需求、社交需求、尊重需求和自我实现需求5个层次,而安全需求是除了生理需求外最重要的人类需求。

孩子的身体健康和心理健康被故意或无意损害,都会直接给孩子带来伤害。孩子的生理需求和心理需求无法得到满足,都会让孩子感到环境的不确定性和难以控制,缺乏安全感。

请给孩子积极的心理暗示

皮格玛利翁效应:美国有个心理学家预测了一所小学6个班的学生的学习发展,并用赞赏的口吻把他认为有发展潜力的学生名单通知了校长和教师,并叮嘱保密。实际上,名单是他任意开出的。但是,出乎意料的是,8个月后出现了奇迹,名单上的学生,个个学习进步、开朗活泼、求知欲强,与老师感情甚笃。这是美国心理学家罗森塔尔做的实验。

孩子成绩好坏,与教师和家长对他们的态度有很大的关系。可见,信任和期待是具有能量的,能形成积极的心理暗示,它能改变人的行为。

对那些成绩一时不理想、被认为迟钝、笨拙的孩子,家长要给予鼓励和帮助,给予他们"我能行"的积极的心理暗示,而不是讽刺、挖苦,更不要用老眼光和瞧不起的态度冷落他们。那样会大大伤害孩子的自尊心和进取感,使他们感到心灰意冷,进而气馁自卑。

关注孩子的心理健康

2009年2月8日,南京特级教师黄侃突然接到噩耗——他20岁的女儿远远以极端的方式在异国他乡告别了这个世界。远远曾是南京一中的传奇:远远从幼儿园起就开始上寄宿制学校,漂亮、懂事、独立、人缘好、兴趣广泛、成绩优异,中学时就出访过新加坡、韩国、澳大利亚和新西兰,留学后同样成绩拔尖。2008年9月,远远赴荷兰留学,在阿姆斯特丹大学攻读经济学。5个月后,远远在宿舍内自尽。在遗书中,远远坦言自己忍受强迫症之扰已长达8年,痛苦不堪。

强迫症属精神障碍性疾病,近年来在青少年中发病率极高,如不及时治疗,会导致精神抑郁甚至自杀。越是优秀的孩子,对自己的要求就越高,压力也就越大。就像远远,什么都自己扛,而没有选择去沟通、去求助,最后选择用错误的方式结束自己花一样的生命,带给所有爱她的人无限的悲痛。

孩子的心理健康教育非常重要,即使是好孩子,也非常需要父母帮忙排遣负面的情绪。比如,孩子上小学第一次考试没考好,心里很难过。父母可以这样宽慰他:"不怕,这次没考好不算什么,小学一共几十次考试呢,总有考好的时候。"让孩子不要把一次的考试失利看得过重。另外,不要加大孩子的心理压力。有个家长,曾经对上初一的孩子说:"你不是数学学得好吗?怎么这几次数学分数那么低?"造成的后果是这个孩子在初中只要考数学,就会不自主地全身颤抖,整个初中阶段数学都没有考好过。

父母还要告诉孩子,学习生活中遇到自己无法解决的困难,要勇敢地向父母亲人求助、向老师同学求助、向社会专业人士求助。告诉孩子,谁都有自己解决不了的问题,向他人求助一点儿也不丢人。

生命寄语

俗话说:"子不教,父之过。"为人父母,抚养教育子女成人成才是责任更是义务。父母为孩子付出的同时,孩子也带给父母无与伦比、无法替代的天伦之乐。父母要尽可能多地抽时间陪伴孩子长大,给孩子以足够的爱和安全感。要了解当前家庭教育的主要误区及对策,给孩子积极的心理暗示,还要关注孩子的心理健康,帮助孩子学会排遣负面情绪,教孩子学会求助,尽自己的最大可能把孩子培养成心理健康、积极向上的对社会有用的人。

主题 ❽ 谈婚论嫁

典型案例

离婚三次、初中学历、长相一般的滴滴司机杨某锋,在3年时间里,利用情侣关系共骗取人民币4000多万、美元125万。因诈骗数额巨大,杨某锋被判处无期徒刑。

首先,他包装自己为"成功人士"。"成功人士"人设建立起来之后,他把目标锁定在一些阅历浅、有钱、高知的未婚女性或者已婚但夫妻关系不和谐的女性身上。蹲守在阿里巴巴附近接单后,他向坐在他车上的女性讲述自己独自打拼的"辛酸史",说自己出来开顺风车只是体验生活。他加上对方微信,经常在朋友圈里晒各种高端聚会。同时对这些女性嘘寒问暖,充当她们的情绪垃圾桶,骗取她们的信任。他了解女性的需求和慕强心理,常展示自己"霸道总裁"的一面:"我觉得好看才是最重要的,你接受就可以。"受害女性很快就沦陷了。

杨某锋拿出在不同城市多个公司的法人证书,以公司资金周转不灵、公司偷税漏税被查、海外有美元账户可以兑换美元等理由向受害女性以借钱的名义实施诈骗。一位阿里女员工借给他人民币1100多万、美元125万;另一位阿里女员工同样借给他人民币1200多万,她身边的朋友也被骗走600多万。其余的受害人,也都被杨某锋以各种理由骗走几十万到数百万不等。她们中,有借遍了自己的亲朋好友凑够钱的;有为他离婚,等他来娶的。直到杨某锋被警方带走,身边的"女友"还不相信他是个骗子。

案例分析

虽然这起恶劣的婚姻诈骗案件,最终以骗子落网、受到法律严惩为终结,但案例中,一方是有钱、有颜、有能力的女性,而另外一方却是没钱、没颜、没学历的男性。为什么高学历女性这么好骗?明显处于优势的女方却被男方耍得团团转,有的直至东窗事发还不相信"男友"是骗子。

十多名高知女性相继被骗,问题应该出在这些女孩从小的教育背景和成长环境上面。出身好、名校毕业、工作履历闪光的女性,从另外一个层面来讲,她们只是从学校这个象牙塔跳到了大公司那个象牙塔,见到的全是正向、阳光的一面,根本不知道人心险恶和社会黑暗。她们缺乏社会阅历和对人性的洞察力,对别有用心接近的人,毫无招架之力。

如同杀猪盘里面诸多被骗的女性,大多都是年龄30多岁的"三高"女性——高学历、高职、高薪。骗子抓住这些女性有钱、社会阅历不多、对爱情有渴望的心理,对她们伸出魔爪。这也就是为什么12个在学历和能力上都碾压骗子的女性纷纷"翻车"的原因。

作为年长者,我们要引导家中适婚的孩子,了解身边发生的一些骗婚的案例,告诫孩子对自己交往的男女朋友,无论是以哪种方式认识,如果他和你交往后,不和你谈婚论嫁,而是变着法儿地从你身上谋取利益,或让你借钱给他,或让你贷款给他,或让你担保贷款,你就要提防他是否在进行婚姻诈骗。遇到这种情况,要么报警,要么求助于自己的亲朋好友。还要引导孩子恋爱时要学会识别目的不纯、想不劳而获通过婚姻致富的骗财骗色甚至谋财害命的骗子。害人之心不可有，防人之心不可无。防婚骗、防婚杀应成为婚前必备的一课。

良好的婚姻首先得是安全婚姻，首先人身安全得有保障，其次是财产安全得有保障。现代情侣不少是通过交友软件认识的，不知根、不知底，所以要特别留心。

生命探讨

孩子们长大成人、工作稳定后，谈婚论嫁逐渐提上了日程，子女婚姻问题成了家中的第一要务。那么，在子女谈婚论嫁中，如何引导孩子正确择偶，如何正确处置彩礼，婚前财产如房子、车子等相关事宜，避免双方产生不必要的矛盾呢？这就需要了解现代婚姻的主要类型及其利弊，选择恰当的婚姻类型，正确择偶，了解彩礼的归属权和处置权，正确处理婚前相关事宜，消除婚后矛盾隐患。

当代青年择偶标准与择偶方式

婚姻是结两姓之好，讲究的是"门当户对"。旧时的"门当户对"指双方家庭的社会地位、权力、财富要相当，现代的"门当户对"则更侧重于双方的教育背景与个人价值观。

择偶标准即个人选择配偶的标准。当代青年的择偶标准可概括为情感性的情感契合的择偶标准、工具性的社会资源匹配的择偶标准和不同于传统的"一见钟情"式的择偶标准。与之相对应的择偶方式有以下几种形式：自由恋爱、传统相亲、电视相亲、网络择偶。

择偶标准由财富、才华、品德修养、权力、地位、职业、健康、相貌、性格、兴趣爱好、年龄、个人价值、人生观、世界观、价值观等诸多要素组成，而每一个基本要素都包含着特定的价值内涵。人不能十全，地不能方圆。遇到十全十美的人生伴侣对绝大多数人来说，只能是一种美好的期望。对大多数人，择偶标准只能以某几项要素为主。

择偶标准和择偶方式的选择会影响家庭组建的形式和质量。无论选择哪种择偶方式，择偶标准无论以哪种要素为重，双方的"三观"要大致一致，双方家庭的文化、素质、认知、价值观差异不能太大。当然，选择人生伴侣，还要看他原生家庭的家庭价值观，看他与原生家庭的价值观的吻合度。

择偶标准二十五年的嬗变

研究人员通过对《现代家庭》杂志自1986年1月至2010年10月所刊载的6612则征婚广告内容的分析表明：25年来，青年择偶时始终最为关注对方的品德因素，且关注度越来越高；年龄因素始终位居第二位，但出现淡化之势；容貌和身高仍被看重，但其关注度已无上升空间，吸引力有限；健康、对感情的忠诚度、住房三大因素发挥着越来越重要的作用；职业因素的影响力经历过一次滑坡之后被人们重新认识，关注度开始上升；学历、户籍两大因素由于与社会资源的关联度减弱，被关注的程度逐步下降；事业心作为隐性潜能并未被征婚者所重视；兴趣爱好因素在通过征婚广告择偶的人群中被忽略；性别是影响择偶标准的一个敏感因素，对配偶的婚史状况、受教育程度、外在形象、感情忠诚度、住房等方面的要求，男女存在显著差异，并且随着时代的演进出现一些趋势性变化。

当代大学生的婚恋教育

目的：了解90后大学生的择偶标准、婚恋价值观以及恋爱教育观。

方法：调查采用整群抽样的方式，共有参与调查的大学生513人，其中男生298人，女生215人。

调查结果：90后大学生，最为看重的是对方的个人品质、双方感情、个人的性格。在家庭经济条件、对方才华、事业心、社会地位、别人评价、是否学生干部这6个方面，女生对异性的要求都要明显高于男生对异性的要求。婚恋价值观包括的7个维度，婚姻倾向是最传统的，也就是说，大学生认为应该有一个美满的婚姻。其次是性爱抉择观，最为现代化思想的是婚姻自主观。女生在性爱抉择观和婚姻自主观上都要比男生观念传统。恋爱婚姻教育需求的调查表明，83%的学生认为恋爱需要教育，90.1%的学生认为自己没有能力应对失恋，2.7%的学生坦诚如果失恋，自己可能选择了结生命。大学生认为最需要了解的婚恋知识是正确的婚恋观，排在第二位的是如何经营恋情，排在第三位的是如何应对失恋，排在第四位的是性健康教育。对大学生婚恋的教育也应该从这些方面入手。

结论：大学生需要进行婚姻恋爱的教育和疏导。

不得不说的彩礼

谈婚论嫁，按照我国流传几千年的习俗，是肯定躲不开彩礼这一环节的。彩礼，又称聘金、聘礼，为男女双方订婚、结婚时，男方付给女方的财物。

1.各地彩礼不尽相同

打开浏览器,输入"彩礼",可搜索到100多万条相关信息,其中便有多个版本的全国彩礼排行榜或中国城市彩礼排行榜。从中可以看出,全国各地彩礼金额从三五万到二三十万不等,大部分省市的彩礼金额为十几万。当然,也不乏有"清流"之地诸如重庆零彩礼,福建泉州彩礼为负数——女方不要彩礼反而会倒贴嫁妆。另外,一个地方的彩礼金额每年也不尽相同。

相对而言,农村彩礼高于城市,主要原因一是农村男多女少,二是农村条件艰苦,愿意嫁到农村的姑娘少,尤其是偏远地区。有些农村地区,女方要房要车要彩礼,基本上得花百万元左右,给男方造成了极大的经济压力。

2.彩礼的归属和处置权

彩礼可以作为聘礼的一部分,也可以作为男方对女方父母的感恩。从法律上讲,彩礼是婚前男方对女方的赠与,属于女方的婚前财产,处置权在女方手中,男方没有使用权和处置权。

3.女方对彩礼的处理方式

第一种,女方作为感恩回馈,把彩礼的一部分或全部留给父母。女方家庭特别贫困的,彩礼钱一般都会部分或全部给娘家。

第二种,结婚时作为陪嫁,以现金的方式带到男方家。

第三种,女方父母另添些钱,用于购买房、车等物品,作为婚前财产,结婚时作为陪嫁,带到男方家。

4.男方对彩礼的认知

第一种,认为彩礼是对女方的婚前赠予,对女方如何处置,不做干涉。

第二种,认为彩礼是自己的钱,觉得女方结婚时应该把彩礼全部带回来,再由自己支配。

第三种,认为彩礼虽然是婚前赠与,但女方对彩礼的处置应按男方要求进行。

5.因彩礼引发的矛盾

彩礼,对经济富裕的家庭来说,只是一点爱心、一点钱财、一份聘礼而已;对贫困家庭而言,却是关乎一家老小身家性命的大笔支出,是一笔价值不低的财物。彩礼让很多人纠结不已,很多家庭矛盾也是由于双方对彩礼的认识不同,又未提前沟通好,男方对女方的处理方式不认同造成的。很多贫困家庭由于男方倾尽所有凑齐彩礼,女方却把彩礼留在娘家;或者女方悔婚,却不愿退还彩礼,进而引发不该发生的争吵纠纷甚至命案惨案。

6.如何避免因彩礼产生的纠纷

(1)提前沟通。男女双方要提前沟通彩礼的数额、认知和去向。虽说从法律上讲女方拥有彩礼归属权和处置权,但法律不外乎人情。女方婚后并不是和法律过日子,所以,女方未和男方沟通好之前,最好不要自行处理彩礼。婚姻是结两姓之好,如果两家婚前就因为彩礼产生矛盾纠纷,势必影响小两口婚后的感情和生活。

(2)开阔胸怀。一般情况下,对于男方来说,十几万的彩礼也就是多则三五年,少则一两年的工资。女方父母辛苦培养姑娘成人成才,女方即使把彩礼全部给了父母,也情有可原。况且女方只要不是太贫困的家庭,都会返还或部分返还彩礼作为女儿婚后生活资金。条件好些的家庭,还会另外给女儿准备些陪嫁。

（3）提高认识。女方父母要放弃彩礼致富的思想，尽量不要截留彩礼。豪宅名车人人爱，但要靠自己奋斗努力才会住得舒适、行得稳当。男方如果家庭确实贫困，出不起彩礼，只要本人踏实肯干，也应该能遇到志同道合的姑娘。其实，按现在的工酬，即使男方没有技术，当小工好好干几年，也能出得起彩礼。实在不行，还可以入赘，或者娶零彩礼、负彩礼地区的姑娘做伴侣。

7.坚决抵制天价彩礼、买卖婚姻。近年来，由于农村男多女少，使得农村彩礼数额节节攀升。有些农村地区，彩礼包括三大件：现金、房子、车子，加起来动辄逾百万。有因为凑不够天价彩礼而自杀的农村小伙，有因为天价彩礼骗婚、婚后跑路的骗子新娘。有些贫困地区的换亲与买卖婚姻盛行，如电影《盲山》所演绎的一般，娶不到媳妇就从人贩子那里买，给了人贩子买卖人口的市场。切记！买卖人口是犯罪，是法律所禁止的，我们每一个公民都要坚决抵制。

8.彩礼退还

司法解释规定，根据目前中国的国情，按习俗给付彩礼的，有三种情形可以请求返还：

一是双方未办理结婚登记手续的；

二是双方办理结婚登记手续但确未共同生活的；

三是婚前给付导致给付人生活困难的。

其中后两项，应当以双方离婚为条件。

婚前约定需明确

如今适婚青年以独生子女居多，婚前约定显得尤为重要。

尤其是双方都是独生子女的家庭,婚前财产、孩子姓氏与抚养以及双方父母的养老、买房、节假日探亲等问题,婚前更需要明确约定。

1.孩子姓氏与抚养的约定

中国几千年文化对于姓氏的延续很看重,尤其是独生女的父母都希望有个姓自己姓的外孙。所以,独生子女夫妻家庭生两个孩子的话一般会一个孩子姓男方的姓,一个孩子姓女方的姓。如果不提前明确约定好,会引起双方家庭产生许多不必要的矛盾。但凡事都有意外,比如,有个家庭婚前约定老大姓男方的姓,老二姓女方的姓。孩子出生了,老大是女孩,老二却是个男孩,男方后悔了,女方却坚持原来的约定,引发矛盾。所以,孩子的姓氏问题最好是双方慎重考虑后进行书面约定并公证。

需要注意的是,同一个家庭的两个孩子不是一个姓氏,两家老人可能会潜意识地区别对待,孩子之间也许会产生敌对情绪。其中家境好的一方老人可能会无意识地对姓自家姓的孩子说:"将来这些家产都是你的。"这类话语和行为可能会让这个孩子产生不劳而获的思想,对另一个孩子也是不公平的。所以,约定孩子姓氏与抚养问题需要慎重考虑,或者做一些补充约定。

2.赡养老人的约定

随着双独生子女家庭数目的增多,传统意义上的"养儿防老""儿子养老""儿子出钱,女儿出力"等赡养老人的观念受到很大冲击。其实,不论是否独生子女,都要考虑赡养老人问题,最好婚前约定好。非独生子女家庭,赡养老人和父母分配子女的财产份额有关,享有老人财产多的子女,在赡养老人方面也应多承担责任。

法律意义上,赡养父母是每个子女应尽的责任与义务,儿媳没有赡养公婆的义务,女婿也没有赡养岳父岳母的义务。儿媳和女婿赡养对方老人,是看在伴侣的情面上。夫妻感情好,你赡养我的父母,我也赡养你的父母,这样的情形自然皆大欢喜。双方也要清楚,赡养对方老人是人情,不赡养是本分,知理不怪人,怪人不知礼。赡养约定不仅包括衣食住行方面的给予安排,还应该包括心理安慰、老人看病就医、疾病侍奉等方面。

　　3.节假日探亲的约定

　　每逢佳节倍思亲。中国人对过节非常重视,尤其是春节、中秋节这些团圆的节日,父母都希望孩子们能回到家里与自己团聚。依照有些地区流传的出嫁闺女不在家过年的习俗,独生女家庭在春节等重要节日就得忍受孤寂之苦。现在不少家庭在节假日去谁家探亲问题上也进行了婚前约定。譬如,有些家庭约定轮流在双方家过年或者初一、十五轮流过;也有的家庭把双方父母接到一起过年过节;还有的家庭买房时就买成对门的两套,双方父母各一套,一起赡养、一起过节。当然,节假日约定也需要考虑到特殊情况,比如家里有重大事件发生时,需要及时调整或顺延。

　　4.财产约定及相关法律规定

　　婚前财产公证,是未婚夫妻在结婚登记前达成有关财产的协议并办理公证。办理婚前财产公证时,当事人应当向住所地或协议签订地的公证处提出申请。提出申请时应当提交以下材料:申请人的身份证明,协议书(可在律师指导下完成),有关的产权证明(如个人所有房产的房产证),其他有关的证明材料。

　　婚前赠与是赠给个人,属个人婚前财产。婚后赠与若无明确约定赠与个人,则视为婚后共有财产。彩礼为婚前男方赠与女方的个人财产。如某案例中女方父亲在女儿婚前给她买了辆车,写的是女婿名字;婚后给女儿 200 万,用于女儿理财,并收益 75000 元。后女儿因感情不和,离婚时,法院判决:车为女婿婚前个人财产,2075000 元为婚后共同财产。

一方继承其父母的遗产,为其个人财产。一方去世,若无婚前遗嘱,其所有财产均为遗产,其第一顺序法定继承人为:父母、配偶、子女。某案例中离异多年的 A 女士,一人将女儿养大,女儿婚前,A 女士将自己名下北京一百多套房产过户给女儿。女儿婚后因车祸不幸去世,悲痛万分的 A 女士还得打起精神和前夫、前女婿争夺自己辛苦半生打拼的巨额房产。所以,对巨额婚前财产,还是进行婚前遗嘱公证为好。另外,居民若是尚在壮年时期,也不要过早地将大量财产交付给子女。婚前遗嘱不公证也有一定的法律效力,公证能更确保法律效力。当然公证不公证遗嘱都应该对受益人有明确的规定,而且要注意查看相关的法律条文,对自己财产的范围也要明确规定。

婚前财产公证是对当事人婚前个人财产的证明,对存款、有价证券、金银珠宝等流动资产来说更为重要。这些财产的所有权与支配权将永远属于当事人。婚前财产公证和婚前遗嘱公证对能白头偕老、琴瑟和鸣的婚姻用处不大。婚前财产公证和婚前遗嘱公证使越来越多的人在自己的权益得到保护的同时,更清醒地认识到婚姻关系的现实性。

绝大多数人对婚姻都有着长长久久的期望,有人是为了爱情而结婚,有人是为了陪伴而结婚,也有人是为了物质条件而结婚。很少有人会在结婚的时候,就想到要去离婚,但婚姻的殿堂里有着不可预测的风险。只要双方能正确、理性认识婚前财产公证和婚前遗嘱公证，就不会因其影响到婚后生活，财产明晰能让生活中的纠纷少一些。

生命寄语

谈恋爱是两个人的事情，谈婚论嫁是两个家庭的事情。婚姻是生命中很重要的一部分，每个人都应该为自己的终身幸福负责。爱情是感情交换，婚姻是价值交换。享受浪漫爱情的同时，也要脚踏实地面对现实。婚前一定要心明眼亮，明白自己想要的是什么。婚后要多包容对方的缺点。

我们要正确引导家中适婚男女树立正确的择偶观念，确定自己的择偶标准，选择适合自己的人生伴侣。了解彩礼等相关法律规定，对彩礼的处置双方尽量沟通好，减少彩礼引发的矛盾纠纷，抵制天价彩礼与买卖婚姻。幸福婚姻的前提是安全，要守住感情底线、道德底线、经济底线。做好婚前财产公证，做好孩子姓氏与抚养教育以及双方父母的养老、买房、节假日探亲等方面的婚前约定。婚前要尽可能剪去影响婚姻质量的繁枝乱叶，为婚后幸福生活做好铺垫。

主题 ❾ 家庭发展规划

典型案例

"海归"不值钱？"'海归'们的收入待遇确实极低,甚至都不如农民工的收入水平。""花费40万留学,回国期待月薪15000元。""博士生比不过本科生,留学生不敌国内'土著'。"……近年来,媒体报道中这些用来评价"海归"的言语已经屡见不鲜。

《广州日报》一篇题为"花400万留学八年不知'回本'是何年"的报道中提及,27岁的吴凯在美国留学8年间花了400万,因签证问题,不得不回国就业。回国后月薪1万,工作三十几年才能"回本",现在的工资待遇让他感到很失望。

其实不止是吴凯,很多留学生都表示对归国后待遇不满意。《中国留学生回国就业蓝皮书》数据显示,多数"海归"刚回国后的月薪在1万元以下。73.5%的博士生、86.6%的硕士生、88.0%的本科生月薪不到1万元;32.8%的博士生、40.86%的硕士生、47.74%的本科生月薪低于5000元。46.4%的"海归"对目前的工作不满意,80%的"海归"认为现有薪资水平低于预期。

案例分析

出国留学镀金,作为一些家庭对子女的教育投资,是在子女上小学时就开始了的生涯规划。考托福,联系学校,这些家庭的孩子初中一毕业,就被送到国外留学。出国留学这笔昂贵的投资能否换来超值的回报也成了一个耐人寻味的问题。因为随着出国留学的大众化,留学人数不断增加,"海归"已从"精英"标签转变为一种单纯的身份,"海归"的待遇从好工作、高收入向普通工作、低收入转变。

留学生的薪资受学历、工作经历、专业等因素的影响。无论是在求职、工作还是职场人脉累积等方面,"海归"的名校背景更具优势。哪怕是就读于排名不靠前的国外正规大学的留学生,海外留学的学历还是要比国内的一些同等学历要受欢迎很多。"海归"要将专业变成自己的一技之长,自己在职场的竞争力才能有所提升。如果没有从事与所学专业相关的工作,在不熟悉的领域,工资不可能高到哪儿去。

如果家庭经济条件允许,孩子有意于出国留学的话,父母就要提前做好规划。一是要选择国外正规大学留学。二是要选择适合孩子的专业,并嘱咐他学好学精,将来回国后从事所学专业并将其变为自己的一技之长。三是留学期间要让孩子多历练,开阔眼界。另外,对一般家庭的孩子来说,要告诉自己的孩子,国内很多大学很多专业也位居世界排名的前列,只要好学上进,在国内也能学到真本领,完全没有必要举家负债累累去盲目追逐"海归"的光环。

生命探讨

家庭发展规划是为促进家庭持续、快速、健康发展,理性、科学推进家庭建设,督促家庭成员学习、工作、消费、生活等活动而制订的一些短长期计划。家庭发展规划主要包括子女教育规划、家庭财务规划、医疗规划、养老规划等。

那么,如何做好家庭发展规划,让每一位居民都人尽其才,让每一个家庭都最大限度地良好发展呢?这个主题中,我们一起来探讨家庭教育规划和家庭财务规划两个方面内容:

家庭教育规划

孩子是家庭的未来,子女教育问题是家庭的首要任务。居民要根据每个子女的智力、性格等个人特点,结合家庭经济情况,合理制定子女教育规划。对每个孩子来说,适合自己的才是最好的。

1.幼儿园和小学阶段教育

幼儿园和小学的选择要遵循就近入学原则。幼儿的神经系统尚在发育和完善阶段,所以一般不赞成孩子在幼儿阶段学习文化知识。该阶段主要是培养孩子的集体意识、合作意识,让孩子学会过集体生活。还可以培养孩子的沟通能力与语言表达能力。

小学阶段一般班里拔尖的大都是女生,这是因为男生要长个儿,骨骼、肌肉等组织系统的发育,需要更多的物质和能量,神经系统的发育稍微滞后于女生。这个阶段不必过于追求成绩,但是学校开设的各门功课绝不能落下;不必学习太多课外知识。根据孩子的自身智力发展情况,可以引导孩子适量阅读,可以培养孩子的两三项兴趣爱好,其中最好包含一项体育项目。

2.初高中阶段教育

调查表明,考入重点大学的孩子大都出自重点高中。初中正好是孩子的青春叛逆期,这个阶段一定要多关心孩子,多和孩子沟通,孩子的学习成绩一定不能落下,争取考取一所好的高中。

高中阶段是孩子学习的关键时期,直接关系着能否考上理想的大学。父母应提前了解高中课程特点,有的放矢,在中考后就让孩子进入准高一学习阶段。因为普通高中阶段教育开设有十几门课程,课程内容多、难度高、课堂容量大、学习任务重,这就要求高中生的学习方式要有所改变,学习的刻苦程度也要相应加大。

3.大学及以上学历教育

孩子上了大学,很多父母觉得自己可以放手了。其实不然,大学才是孩子真正独立、确立自我认同感的关键时期。他们以自我概念为基础,进行自我评价,进而超越现实的自我,实现自我理想。这个阶段,需要父母不断给孩子加油打气,增加孩子的自我认同感,并告诫孩子不要荒废学业,妥善对待感情问题,与舍友与同学友好相处、安全相处,圆满完成大学学业。

4.择业与考研

孩子进入大学四年级,就会面临择业与考研问题。是选择就业还是选择考研?是选择考教师、选调生、公务员、事业编,还是选择国企私企?还是……

一方面,可以早做规划,比如有些学校保研率高,有些学校还可以直接保送硕博连读。想通过保研继续深造的孩子,大学期间学习成绩就要保持在保研的范围内。打算考研的孩子,大三第二学期就需要做准备。打算就业的孩子,大四要认真准备校园招聘、省考、国考以及选调生、军队文职考试,还有国家电网等国企、央企招聘考试。

实际上,更多的孩子是提前有规划,到跟前有变化,即所谓计划赶不上变化。比如,有些原计划考研的孩子,看到其他同学或与用人单位签了协议或报名考公务员,便会焦虑、失眠甚至脾气暴躁、焦躁不安。这是因为心里没底,缺乏安全感,害怕自己研没考上,也错过了就业良机。这时最好的方法便是和其他同学一样找用人单位签就业协议,或报名参加公务员等考试,同时,也不放弃考研。考到哪里算哪里,考到哪儿上哪儿。如果就业和研究生都考上了,鱼与熊掌不可兼得,那就二者择其一,要么选择深造上研究生;要么先入职,以后有机会再考在职研究生。

家庭财务规划

家庭财务规划指居民对家庭短期及中长期财务收支的合理规划。科学合理的家庭财务规划,能使家庭收入达到利用率的最大化,平衡收支,还能提高家庭应对风险的能力,避免陷入"为钱所困"的窘境,做到及时止损,保障家人的生活质量。一个完整的家庭财务规划包含收入规划、支出规划以及平衡开支三个方面。

1.收入规划

一般来说,小钱靠攒,大钱靠挣。一方面,行业不同,收入不同;另一方面,同行不同利,同一行业,做到极致,也会创下高收入神话。譬如,教育行业的收入远低于电力行业,一名普通教师的收入远低于一名电力工人,但一名优秀教育家的收入则会远高于电力行业的绝大多数人。

家庭收入与夫妻双方创业从业的行业密切相关,也与孩子的生涯规划密切相关。所以,发展态势良好的家庭,与家庭未来收入相关的家庭成员的创业、从业方向等事务一定要经过家庭成员们集思广益,共同制定。

为了实现家庭收入最大化,家庭成员要目标明确,根据家庭成员各自特点,合理分工,共同奋斗,早日实现家庭富裕。比如,某家庭中,女主人特别擅长市场营销,经过商议后,家里开了3家服装店,女主人负责选择货源和衣服款式、培训店员、网络营销;男主人负责看店并承包了家里的后勤工作,接孩子、送孩子、做家务。两人都忙得不亦乐乎,家里很快购了房买了车,小日子过得红红火火。

2.支出规划

过日子需要精打细算,家庭支出也需要合理计划,要理性开展家庭事务,让每一分钱都花得物超所值。支出规划包括日常开支、养老医疗与保险、长期保障、教育资金、机动与应急准备五个方面。

下面以家庭年收入10万为例,对普通家庭的支出做一个简单规划:

①日常开支

普通家庭的日常开支包括生活费、水电费、交通费、房租、物业费等。简单地说,就是吃、穿、住、行所需费用,一般占家庭收入的30%~40%。

②养老、医疗与保险

养老、医疗和保险资金是除了日常开支外的第二部分家庭开支,大约占家庭收入的5%~10%。养老可以有两种方案:一是在退休前去人社局缴够15年社保,退休后就可以领取养老金。女性最低缴社保年龄为41周岁,男性为46周岁。二是自己存一笔钱用于养老,来保障退休后的生活质量。

③医疗规划和保险规划

人食五谷杂粮,大病小灾在所难免,尤其是人到老年,看病就医常态化,医疗规划和保险规划也很有必要。除了社保,医疗保险也是居民必须缴纳的保险,用以解除自己和家人看病的后顾之忧。另外,经济尚有余力的话,还可以适当购置意外险、重疾险和寿险,以规避和转移意外事件和重大疾病带给我们的风险。

④长期保障

普通家庭每个月或每年都要到银行存入一定的定期存款,这笔存款作为家庭的长期保障,轻易不动用,必要时用于购房、购车、大病医疗及子女婚嫁所需费用,一般占家庭收入的30%左右。

目前,许多城市落户、孩子上学等都与房产绑定,这让大家的买房需求变得强烈。对许多家庭而言,买房成为很重要的事情。买房也是门学问。那么,如何买房呢?大城市房价高,购房就得提前规划,认真计算。首先,需要根据房价计算出首付金额、贷款额度。再根据自己的实际情况,在不影响家庭正常运转的前提下,计算出每个月家庭能承担的房贷的最高数额。在自己的能力范围内,选择学区、交通、商业配套好的房子,这样的房子未来保值增值空间也大。

小城市房价低,像一些三线城市,一般房价为每平方米6000左右,买套100平方米左右房子,约需60万元左右。首付款20万元左右,贷款40万元的话,无论是贷款10年还是20年,每个月的房贷都不会对生活产生太大影响。一般情况下,如果在小城市,手上的钱够首付款,就可以考虑购房。

⑤教育经费规划

孩子在不同教育阶段,所需教育经费亦不同。普通家庭的教育经费一般在义务教育阶段花费最少,低于年收入的5%。高中阶段教育花费最多,很多家庭都超过了家庭收入的30%。有的家庭在孩子初三时,为了让孩子考取一所好的高中,也会加大教育投资。幼儿阶段花费大约是家庭收入的10%~15%。大学阶段教育一般每年花费2万元左右,是家庭年收入的20%。

教育负担比=届时子女教育金费用/家庭届时税后收入×100%

如果教育负担比大于家庭税后收入的30%,就应该尽早做准备,提前规划。

⑥机动与应急准备

每个家庭还应该有一部分资金作为机动与应急准备资金,用于填补某项超额开支或者家庭突发事件所需资金,平衡家庭开支。这部分资金大约占家庭收入的10%。如果家中近期不需要动用这部分资金,可以在正规银行办理储蓄业务。

3.平衡开支

家庭财务规划要遵循收支平衡原则。比如,孩子读书的关键时期,请家教、买网课、上辅导班花销过大。在这个时期,家庭除了必要的生活花销与保险(居民医疗保险和意外险)外,其余都可以缩减,把财力集中用于教育。

另外,吃饭穿衣量家当。家庭开支没有必要攀比跟风,要量力而行。不要因任何事情让家庭骤然变得贫穷,或长时间负债。每一笔巨额投资或开支前,都要做一个收支预算,看这项投资是否安全、是否划算。比如,近些年来不少家庭热衷的跟风留学热问题。有个家庭花费数百万让孩子自费留学,毕业归国工作后,工资每月只有四五千元左右,远不如国内名牌大学或一些热门专业毕业生的工资。

4.及时止损

家庭财务规划中,能够及时止损很有必要。我们每个人,都要学会做减法,学会及时止损,将伤害、损失降到最低。对于手中的亏损项目,要多考察同类项目的经营情况,多请教专业人士,多听听家人和朋友的建议,再结合自己的实际情况,作出正确抉择。如果因能力、人力、财力等条件所限,确实不能转亏为盈,该放手的放手、该丢弃的丢弃,不要因为不舍得前面的投入,让以后的损失更多。

同时,还要通过合理理财与精打细算来降低损失。花一块钱能办十块钱的事情,是能力;花十块钱才能办一块钱的事情,那是浪费、是无能。凡大企业家创业之时,都是把一分钱掰作几瓣花的。

另外,凡事都有个度,过犹不及。投资项目也是如此,要根据市场需要适当发展项目,还要做一定的市场调查。不能想一出就一出。最好在自己熟悉的领域拓展项目,这样,才能减少损失。

生命寄语

孩子是家庭的希望,家庭是社区的基本组成单位。孩子健康成长,家庭发展良好,居民才会安居乐业,国家才会繁荣富强。为人父母的,在做好家庭子女教育规划的同时,也要做好个人事业规划与学习规划,与孩子一起奋斗,共同提高。精打细算,才能细水长流。勤俭持家,略有结余,遇到急事才可以不慌张。我们在做好家庭财务规划的同时,也要合理开支,保持收支平衡。任何情况下,家里的资金都要能够保障家庭正常运转。另外,在投资、经营失利的情况下,还要学会及时止损。

主题 ⑩ 和谐社区你我他

典型案例

　　2020年12月21日,福建省福州市晋安区大名城小区,业主们聘请的新物业公司入驻小区。突然出现一些黑衣人,打人、搬运新物业公司的物品,与新物业公司人员及业主们发生了冲突。在双方冲突中,一位50多岁的男业主忽然倒地,最终死在了冲突现场。

　　据了解,该小区居住人口有七八百户,小区卫生条件很差,安保也跟不上,经常找不到保安。业主们认为前物业公司不作为,于是联合起来自己成立了业主委员会,决定重新聘请新物业公司。

　　冲突发生时,前物业公司表示,因为他们的物业合同尚未到期,所以暂时不能交接给新公司物业工作,他们也不清楚,这群黑衣人是从何而来。现场的某业主爆料说:这批黑衣人就是前物业的外聘人员。

　　随后,警方介入调查……

案例分析

　　案例中物业公司管理人员与业主的冲突是很多小区存在的问题。案例中小区居民对于小区物业公司的工作不满意,所以才成立业主委员会、聘请新的物业公司,而前物业公司认为聘期未到,拒绝退出对小区的管理。在新旧物业公司交替时,双方发生暴力冲突。

案例中的物业公司与业主的暴力冲突其实是可以避免的。如果双方能多包容、多理解、多沟通，或者拿起法律的武器解决问题、维护自己的权益，而不是私下用过激行为解决，就不会发生这样的惨剧。居民要与物业公司良好沟通，和谐共处。小区是我们共同的家园，物业与居民应该一起去维护它。希望随着相关制度以及法规的完善，物业管理服务能够越来越好，希望这样的暴力冲突事件不再发生。

生命探讨

世界卫生组织提出，社区是由共同地域、价值或利益体系所决定的社会群体。其成员之间相互认识、相互沟通及影响，在一定的社会结构及范围内产生及表现其社会规范、社会利益、价值观念及社会体系，并完成其功能。

社区分类及主要人际关系

随着时代的发展，人们的居住条件越来越好，社区逐渐成了我们生活的重要环境。我们能不能有个温馨和谐的生存环境，社区人际关系是一个重要的影响因素。

1.社区分类

社区按照管理制度不同可分为城市社区、农村社区和城镇社区三大类。城市社区由若干街道或居委会组成，管理主体为街道办事处或居委会；农村社区由乡镇和村组成，管理主体为乡（镇）政府、村委会等；城镇社区通常由城乡接合部组成，管理主体为乡（镇）政府。城市的社区通常按街道办事处管辖范围设置,人口数一般在 3~5 万之间;农村按照乡镇和村划分,人口一般在 2 万左右。

2.社区生活的人群

城市社区的长久生活人群主要是城市居民、物业公司工作人员、社区工作人员、外来务工租住人员。农村社区生活人群主要为农民。城镇社区生活人群主要是商户和附近村庄的农民。

3.社区人际关系

社区人际关系主要包括家庭成员之间、家庭与家庭之间、物业公司工作人员与业主之间、居民(村民)与社区工作人员之间的人际关系。家庭成员之间的人际关系,包括婆媳关系、夫妻关系、亲子关系、妯娌关系、兄弟姊妹关系等;家庭与家庭之间的人际关系,主要包括邻里关系与亲戚关系。

社区人际关系存在问题与特点

1.存在问题

(1)家庭内部成员之间与家庭和家庭之间

家庭成员内部最常见的人际关系问题有婆媳矛盾、妯娌矛盾、姑嫂矛盾、夫妻矛盾与亲子矛盾。家庭与家庭之间的人际关系问题主要有邻里矛盾、亲戚之间的矛盾。

爷爷奶奶或姥姥姥爷帮忙带孩子的家庭比较容易产生矛盾。由于一个大家庭长期居住在一个比较小的空间,生活习惯等因素的影响常会引来一些细小的矛盾,家庭成员免不了相互吐槽一下,于是,闲话传递更增加了家庭内部成员之间的矛盾。邻里之间生活空间多有交叉,接触多了,很容易产生一些或大或小的摩擦。邻里矛盾一般由通风、采光、通行、排水、噪声、环境卫生等问题引发,沟通过后如果两方都不退让,就会矛盾激化、关系紧张。

(2)物业公司工作人员与业主之间

物业管理人员与业主之间也常会因沟通不到位、认识不一致产生矛盾。还有就是有些业主将杂物放在楼道里,而物业管理人员则认为楼道是公共场所、是生命通道,不应该堆放私家物品。物业通知清理而业主不予理睬,物业管理人员强行清理引起业主不满,导致矛盾发生。

业主认为自己交了物业管理费用就应该得到相应的服务。也有些业主会提出不合理要求,或者以服务没达到自己的标准为由不缴纳管理费用等。物业公司收取了管理费用,本来应该尽可能高水平、高质量地为业主提供服务,做好自己的物业工作,但是有些物业管理人员将自己当成高高在上的管理者,对业主态度蛮横,一味地只想收取管理费用,不愿提供应该提供的服务。

(3)居民与社区管理主体之间

城乡社区组织具有广泛动员群众、组织群众、凝聚群众的独特优势,具有引导和支持居民群众自我管理、自我服务、自我教育、自我监督的独特优势。

实际生活中,居民对社区管理主体的认识不足,很多人觉得社区居委会跟自己没什么关系,不知道它是居民自我管理、自我教育、自我服务的基层群众性自治组织,是自己身边最接地气的一级组织。许多居民的社区意识淡薄,缺少参与社区公众生活的积极性。

另外,因社区工作人员较少,管理主体平时只是在人口普查等常规工作中发挥作用,也很少向居民积极地宣传自己,未能让群众知道自己存在的意义,未能让人们认识到社区对辖区内的居民有服务职责也有管理权力。

因为平时接触少,缺乏感情基础,遇有重大事件的时候社区居委会等管理主体直接行使管理权时,如果沟通不到位,居民就会置疑,会不服从管理。

2.社区人际关系特点

社区内小区的形成方式不同,人际关系特点也有所不同。

(1)商业开发的小区。业主之间关系陌生,邻里关系淡薄,很多在一个小区的业主互不认识,甚至对门邻居也互不相识。

(2)单位类型小区。大家工作在一起、生活在一起,几代人之间都有错综复杂的联系,邻里关系比较密切,利益共同,生活经历相似。

(3)还迁房小区。农村城镇化中土地被占有的农转非人员,小农意识严重,过惯了一家一户的庭院生活,不习惯土地公有、环境共有的小区生活。邻里关系亲密,父母兄弟姊妹在一个小区的情况比较多,亲情浓厚,纠纷也多,业主与物业公司的矛盾也更突出。

构建和谐社区

和谐社区是社会稳定的基础。维护好和睦、友好、稳定的社区环境,才能营造和谐社区、和谐社会。

1.家和万事兴

家和万事兴。家庭成员之间如果不能和谐相处,就会争吵不断,矛盾横生,不得安宁。长此以往,心情烦闷,身体也会出毛病,很多问题都不能理性处理。互敬互爱、琴瑟和鸣的夫妻关系需要用心经营,尊老爱幼是家庭和谐传承的关键,兄弟姊妹友爱同心,父母才能安度晚年。

我们要践行正确的家庭价值观,积极进取,勤劳致富,反对不劳而获、投机取巧,不能无事生非、挑拨离间。正确认识自己在家庭中的角色定位,承担自己应该承担的责任;正确处理、协调家庭内部矛盾,与家庭成员友好交往,和睦相处。

2.邻里团结

孟子说:"乡田同井,出入相友,守望相助,疾病相扶持,则百姓亲睦。"生活中,邻居间和谐相处能解决许多生活上的问题。比如有事抽不开身时,请邻居帮忙照顾一下孩子;客人盈门时,借借桌椅等;尤其是当儿女不在家,年迈的父母得了疾病,邻居能及时发现,帮忙或叫救护车,或通知子女。

邻里之间良性互动能营造和谐温馨的生活环境。要想邻里好,包容是关键。邻里之间,难免会遇到一些磕磕碰碰的事。遇到这类事时,要相互忍让、相互体谅,减少并化解邻里矛盾。比如遛狗时,要拉紧拴绳并给狗带上嘴套,不要让它在小区公共区域大小便;中午和晚上不大声唱歌放音响或划拳喝酒,以免影响邻居休息;自家孩子和邻居家的孩子发生口角时不要护短;出门时把自家的垃圾带到指定区域;自家的爱车停放在自家车位,不要占道影响别人。

3.业主与物业良好沟通

社区的住宅小区大都有物业管理公司。物业公司与业主之间是服务与被服务、被雇用与雇用的关系,业主雇用物业公司,物业公司为业主提供服务。实际生活中,二者并非"我管理,你交钱"那么简单,也会有些你嫌我服务不到位、我嫌你不服从管理的问题。业主与物业公司发生矛盾时,在依据相关法律法规解决问题的同时,更应该和物业工作人员建立起互相尊重、平等互助的关系。业主要理解物业工作人员的难处,物业公司也要倾听业主的诉求,双方平等沟通,共同寻求解决方法。沟通时尽量以情感人,管理更要偏向人性化。

4.发挥管理主体的管理作用

社区工作者要主动了解党和国家的政策方针,积极贯彻落实党中央决策部署,平时多组织一些有针对性的便民服务工作,宣传自己,教育居民,普及法律、科学知识。督促物业公司积极为群众服务,加强入户走访,了解社区基本情况,帮助困难群众,提高社区工作服务质量,配合上级部门的工作,充分发挥居委会、村委会等社区管理主体的管理作用。

据民政部的统计数据,2021年全国平均每6个社区工作者守护着1个社区,平均每名社区工作者至少要面对350名群众。社区工作者人数少、任务重。"疫情就是命令,防控就是责任!"在这次席卷全球的新冠肺炎疫情防控斗争中,广大城乡社区组织、社区工作者坚守在社区疫情防控第一线,发挥了不可替代的重大作用。他们牺牲假期、牺牲休息时间、离别亲人,不顾安危、不讲条件、不计报酬,在路口、村口严防死守,坚持为居民测量体温,做好出入登记,把好小区、乡村第一道关;他们走家串户了解情况,排查核对居民信息、摸清返回人员底数,劝导居民群众少出门、不出门,普及防疫知识,动员广大居民积极抗疫;他们提供心理支持、情绪疏导、危机干预、陪伴支持等服务,为急难群众解决实际问题……

生命寄语

习近平总书记指出:"社区是党和政府联系、服务居民群众的'最后一公里'。"社区距离居民群众最近、服务居民群众最直接,是社会治理的基本单元,社区管理主体要充分发挥自己的作用,让更多的居民群众积极参与到社区社会生活中来,促进政府治理和社会调节、居民自治的良性互动,在重大事件发生的时候发挥好自己的重大作用。

作为居民,我们要更好地了解社区管理主体,服从社区管理,与邻里和睦相处,与物业良好沟通,正确、及时处理好家庭矛盾,做好家庭财务规划和教育规划,用责任和担当书写生命至上、举国同心、舍生忘死、尊重科学、命运与共的和谐社区新篇章。

第二篇 生命关怀篇

主题 ⓫ 科学养生

典型案例

王大妈原来是某厂的一名职工,退休前患有糖尿病,工作虽忙,但生活节奏很规律,按时上下班、定时定量吃药,所以病情控制得非常好。王大妈有一儿一女,均在外地工作。三年前,王大妈退休了,属于自己的时间多了。某一日,被邻居邀请一起去听了一节养生保健课,然后,王大妈就像变了一个人似的,开始买保健品,一大堆一大堆地买,退休工资不够用,还把积蓄拿出来去买。因为花掉了很多钱,也被养生课的老师们洗了脑,王大妈放弃了自己控制糖尿病的药物。某一日她突然晕倒,幸好被及时发现并送往医院,有惊无险。

案例分析

我们仔细看这个案例,可以发现王大妈的三大错误。第一,保健品替代药品,贻误了病情。"药"在字典里的第一个释义是:一种可以治病的物品(多指能吃的、敷的或熏洗的)。显然,有病是前提,而病就是生理上发生的不正常的状态。此时药物的作用是帮我们的身体恢复常态。保健品只是用于正常的机体,使之体质增强。二者使用的前提是不同的。第二,健康很重要,正确投资是对的,但我们要在正规的场合买必要的东西。带保健食品标志的图案颜色为天蓝色,形如"帽子",图标下半部分有保健食品字样,外包装会标注批准文号。比如蛋白质的重要性是不言而喻的,蛋白粉的价格也是有差异的,真正判断蛋白质品质好坏是看其含有的氨基酸的种类和比例,不是氨基酸的总种类,更绝非价格。第三,是王大妈的做法,宁信身边陌生人忽悠,不信外地亲儿女叮嘱。推销者们抓住老年人的心理特点,先走心,让老人觉得他们比自己的儿女们还贴心,然后买卖就做成了,老人们心甘情愿地上当了,儿女们的叮嘱则成了耳旁风。

生命探讨

生命即生物体所具有的存在和活动的能力。人,生而有命,活而有价。为社会的和平发展作出奉献和贡献,就是人生的价值。但实现价值的基础是健康的身体。本篇就在生命的最基本层面上谈谈如何让存在的生命更有精力,为人生价值的实现打好基础。

养生知多少

养生的概念

中医讲,养生就是"治未病",即预防疾病,是通过养精神、调饮食、练形体、慎房事、适寒温等各种方法去实现的,是一种综合性的强身益寿活动。重点是"未病"状态下的。

养生,可以作动词,也可作名词。原指通过各种方法颐养生命、增强体质、预防疾病,从而达到延年益寿的一种医事活动。现代意义的"养生"指的是根据人的生命过程规律主动进行物质与精神的身心养护活动。

养生的误区

实质上,养生的重点就是保养五脏,使生命得以绵长的意

思。长寿是每个人都期望的,但事实上,美好的期望与实际的行动之间往往有些不和谐。常见以下误区:

1.老了才养,病了再治。人生每个阶段的生命规律都是不同的。养生也不是年老了才应该开始,而是生命的每个阶段都可以养生。养生于平日平时,即树立未病先防、未老先养的预防观。

2.养生先要养情绪。人类的情绪涉及神经系统,会影响到体内激素的合成。养生应重视精神调养,切忌暴怒,保持恬静、愉悦的心态,乐观向上。

3.养生要有依据、要讲科学。大家都知道,有病乱投医是不正确的,那么随意轻信他人的养生法则也是不可取的。我们可以看一看科学性强、影响力大的书籍,或者向有资质的医生进行一些咨询。

如何科学养生?

1.讲科学。科学是拿证据说话。它是一种态度、观点、方法。

养生要遵循生命活动的规律,而不要轻信、盲从,应当在科学理论支撑的前提下,有目的、有针对性地养生。养健我们的大脑,养壮我们的肌肉,养好我们的五脏,等等。我们可以利用各种途径、各类媒体,先把自己的内在生理结构与功能了解一下,自己做自己身体真正的主人。

2.思想要先于行动。每个人的生命只有一次,所以在认知上先区分哪些是对的,哪些是适合自己的。

古语有言:琴医心,花医肝,香医脾,石医肾,泉医肺,剑医胆。倾听美妙动人的琴声,可以让人心旷神怡,有助于养心;欣赏娇嫩鲜艳的花朵,可以驱除烦躁情绪,利于养肝;扑鼻而来的香气让人味觉顿开,可以养脾;针灸按摩可以养肾;山林间的泉水瀑布,净化空气,可以养肺;持刀舞剑常锻炼,可以使人形成勇敢果断的品性,可以养胆。这是古人论及的高级养生术,也是借助各种方式来修身养性、全方位调理身体的理论。

现代生活中,听听舒缓的音乐,能起到调节心率的作用;下象棋,打扑克,能保持脑部的灵敏反应;(花式)拍球,抖空竹,跳广场舞,能锻炼四肢的协调。皆为养生之道。

现实情况是中老年人家庭琐事多,工作任务重,情绪容易波动。但我们应该知道,不良的心理刺激会抑制人体免疫防御功能,导致内分泌及新陈代谢紊乱,从而导致许多疾病生成。因此,中老年人要特别注意精神保健,适当参与看手机之外的娱乐活动,以愉悦的身心陶冶情操,保持平和心态,培养乐观情绪,远离不利于身心健康的人、事、物及各种名目的活动。根据自己的身体情况,依据自己的喜好,选择适合个人的养生模式。

3.保持好习惯,培养好习惯。

养生贵在养心,要做到六不:手脑不闲,心情不烦,嘴巴不馋,烟酒不贪,生活不乱,锻炼不断。少思虑以养心气,寡色欲以养肾气,勿妄动以养骨气,戒嗔怒以养肝气。薄滋味以养胃气,省言语以养神气,多读书以养胆气,顺时令以养元气。各种不良嗜好均与养生相背,戒之,乃养生之道也。

因为我们的生活无非就是衣、食、住、行、医,所以在这几个方面都可以进行养生,我们依次来说一说。

①食养

所谓"养生之道,莫先于食"以及"药食同源""药补不如食补"的说法，都是在强调"吃"对、合理饮食比仙丹灵药更有用。现代人的各种"富贵病"归根到底都与饮食有关。饮食确实是养生中最重要的一环。食养经验"一不过饱，二不过咸，三不过甘，四不过肥，五不偏食"，值得借鉴，我们可以和自己的习惯对照一下。清代袁枚诗中有"多寿只缘餐食少，不饱真是却病方"的说法。

吃什么？俗话说，民以食为天。所以我们的食物必须是营养齐全、比例适当、易于消化的。谷物是人们赖以生存的根本，而水果、蔬菜和肉类等都是主食的辅助和补充。我们万万不可忘记主食在饮食结构中的支配地位，中国居民膳食营养宝塔也是把谷物类放在塔底位置的。主副食搭配，能使热能及蛋白质、无机盐、维生素等得到全面供应；干稀食搭配，能增加饱腹感，又有助于消化吸收。

怎么吃？也与养生有关。狼吞虎咽与细嚼慢咽谁好谁坏是显而易见的。吃慢点，多咀嚼，更有利于消化吸收，可是在生活节奏这么快的今天不那么容易实现，其实也不必太刻意，老人们尽可如此，中年人，只要把喝果汁换成吃水果就会好很多。

中国古代养生家认为咸多伤肾，淡食延年。吃得咸影响健康，但盐又是人体必需的食品之一。所以，中国居民膳食指南指出，每人每天盐的摄入量应该控制在大约六克。需要注意的是，酱油、咸菜、咸鸭蛋里边也有盐，吃的时候要注意。

吃多少？管子曾说过"饮食节，则身利而寿命益；饮食不节，则形累而寿损"。也就是说，饮食要有节制，不能随心所欲。食过饱或太少都是有损于健康的。饱食即卧，乃生百病。"量腹节所受"才是正确的做法，就是说进食要遵循适量的原则，只有这样,才不致因饥、饱而伤及五脏。

杂食者,美食也;广食者,营养也。我们日常也应该注意饮食种类的广度,五谷杂粮营养不同,不要挑食,要保证营养的全面摄入。

②衣养

我国素有"春捂秋冻,不生杂病"的谚语。也就是说,早春的时候不要着急脱掉冬装,要预防倒春寒。如果过早地脱去棉衣,寒气会乘虚而入,寒则伤肺,所以容易患流行性感冒、急性支气管炎、肺炎等呼吸道的疾病,尤其对于调节能力差的孩子、老人或者体弱者来说,更应该根据气候的寒热变化,随时添减衣服,而进入秋天,除了衣物的适当增添,还要加强御寒锻炼,循序渐进地进行"秋冻"。根据个人情况选择冷水洗脸或冷水浴等,以提高机体的抗病能力,防止呼吸道、心脑血管等疾病的发作。

着衣方面的另一个原则就是"下厚上薄"。因为人体下身的血液循环要比上身差,更容易遭受风寒侵袭。尤其早春的时节,和煦的阳光容易使人忽视对下肢的保暖。一些爱美的女性此时迫不及待地脱掉冬装,换上漂亮的春装短裙,搭配丝袜,非常地惹眼。但这是于健康有害的,建议爱美的女性不要过早地换裙装,以防早春的风寒之气由下而上、由表入里侵透骨骼、关节、脏腑,诱发关节炎和多种妇科疾病。

此外,我们对衣着的建议还有,一个是衣带要宽,不要有太多的束缚;二是尽量选择一些棉质的、丝质的天然材料与不经染制的天然颜色。因为各种化纤的加工、染色可能带有不安全的因素。

③休养

仅有食养和衣养当然是不够的,要与休息调养相结合,才能起到应有的效果。

休之所,必要的条件是阳光。当然,腿脚灵便的话直接接受户外阳光最好,因此每个家庭都应该把阳面的屋子留给我们的父母。唐代著名的医学家孙思邈说:"冬月不宜清早出、深夜归,冒犯寒威。"早睡以养阳气,迟起以固阴精,因而冬季养生一定要保证充足的睡眠,这样有益于阳气潜藏、阴精蓄积,立冬后的起居调养一定要记得养藏。其他季节都可以依自己的情况酌情到户外进行日光浴,老人需要,忙碌的中年人同样需要。因此,有点时间晒晒太阳比刷刷手机更养人。

每晚睡觉之前用温水泡泡脚,可以帮助睡眠,起到健身安神之效。

如果老人身体尚可自理,不妨回归自然与故土,在家乡的天然氧吧里、在充满感情的故居里,有熟悉的老友、亲切的方言,老人们会生活得更加快乐自在。

④行养

卢梭有言:"生命不等于是呼吸,生命是活动。"养生不能光静不动,需要动静结合。遵循动静有常、和谐适度的辩证法。

对于中老年人来讲,不知不觉感到两腿沉重,容易疲劳,所以就不爱运动,就觉得"岁月不饶人"。但越是这样,越应该力戒懒惰,勤散步、勤运动。但是运动的时候呢,一定要慢,切忌快,要谨慎一些。比如早起的时候,我们可以赖床两分钟,学一学"猫式运动"放松身体,用四肢接触床面,背部向天花板拱起,就像受惊吓的猫一样,十秒钟以后调整姿势,手臂和大腿垂直床面,肚脐位置向下压,尽量接近床面,每天早上花 30 到 60 秒的时间交替做这样的动作,可以增进血液循环、放松身体,不至于因猛地起床而带来血压升高或者脑供血不足的问题。当然,其他轻慢型的动作也是可以的,只要保证醒来后适当活动之后再起床即可。

起床后也不宜立即进行剧烈运动,尤其是对于体弱多病的中老年人来讲,更是应该循序渐进,慢慢地加大运动量。每一种活动都要讲求适度并且在活动之前做好必要的准备工作。同时可以根据个人的体质选择适宜的项目,如果体质好可以打球、游泳、跑步;如果体质稍差一点,可以选择太极拳、门球、气功、慢跑等等。锻炼能够增加人体的敏捷度、肌肉的力量和平衡能力,减少摔倒的风险。此外积极的锻炼还能够适当地增加骨密度。

随着年龄的增长,我们身体的各方面都有自己的一些变化,比如骨头脆性增大,易骨折。如果需要捡东西或从低处拿东西的时候,老年人应舍弃弯腰式而采取下蹲式,这样可以避免危险的发生。除此而外,膝关节的保护至关重要,时不时地伸伸腿,就是给膝盖做润滑,对膝关节的保护是有益的。对于因工作需要而久坐者,不妨坐在椅子上,脚跟离地紧绷,膝盖上面的股四头肌两秒钟以后放松,如此简单的动作,重复就可以起到润滑膝关节的作用。

⑤医养

药品,是指用于预防、治疗、诊断人的疾病,有目的地调节人的生理机能并规定有适应症或者功能主治、用法和用量的物质,包括中药、化学药和生物制品等。药品不是保健品或补品,当吃则吃,遵从医嘱。

补品,是补充人体所缺乏的营养物质,提高人体抗病能力,消除虚弱症之物品。补品,一般是针对虚症的。中医将虚症分为气虚、血虚、阴虚、阳虚四种类型。相应地,滋补品也分为补气、补血、补阴、补阳四类。进补要遵循三个原则,一是辩证进补,二是适度进补,三是食补为本。

保健品,是保健食品的通俗说法。保健(功能)食品是食品的一个种类,具有一般食品的共性,能调节人体的机能,适用于特定人群食用,但不以治疗疾病为目的。保健品又被称为膳食补充剂。

保健品不可以代替药品。一种新药品面市前,必须要有大量的临床试验,并通过国家药品食品监督管理局审查批准;保健品没有规定治疗的作用,不需要经过临床验证,仅仅检验污染物、细菌等卫生指标,合格就可以上市销售。

理性选择保健品。每种保健品都有适宜的人群,选购时应该按照个人的差异认真选择,不能按照送礼习俗胡乱选择,只买贵的,不买对的。保健食品的标签除与普通食品一样应有生产日期、保质期外,还应注明适宜人群、食用量及食用方法。要注意保健品标志和批号。卫生部批准的保健食品包装容器(食品标签)上应有批准文号和卫生部规定的保健食品标志。国产保健食品为卫食健字号或者国食健字号。进口保健食品为卫进食健字号。

总之,会养生才会有保健,养生保健最主要还是从每天的生活起居方面做起,好的生活习惯有利于身体健康,可增强脏器功能,维持人的阴阳气血、升降出入的相对平衡,改善内环境。

⑥术养

中医理疗,是指通过利用人工或自然界物理因素作用于人体,产生有利的反应,达到预防和治疗疾病的方法。中医理疗以中医理论的五大支柱(砭、针、灸、药和导引按跷)为基础,以经络学为指导,在结合患者的病症进行调治的同时,也充分利用现代化的理疗设施进行配合治疗,可出现事半功倍的效果。但是我们求医一定要选择有中医资质的专业人士。

一些简单手法自己就可以做,例如摩腹,每次用手掌面在腹部按顺时针方向按摩 20 次。饭后一小时后摩腹,多取坐位,有助于消化吸收;临睡前摩腹,多取仰卧位,可以健脾胃,帮助消化,并有安眠作用。

另有研究表明,赞美爱人,婚姻幸福,也是养生的一剂良药。不幸福的婚姻使人得病的概率提高 35%。一个让婚姻更幸福的简单方法就是时常赞美你的爱人,74% 的幸福夫妻都反映爱人曾取悦他们,并试图让他们开心。于是,为人子女,当父母有一方离世后,应尽可能给老人再找一个有共同语言和共同生活情趣的老伴,是尽孝也是悦老。

生命寄语

养生不是怕死,是希望有一个健康的生命体魄,更有质量的生活。年轻人正在拼搏,不惜力气超负荷地工作,到老了落下一身病,这并不是养生。当然,养生并不是不干活儿、不工作,所以年轻人也好,老年人也好,都要讲究养生。年轻人有了健康的身体才能更好地工作,老年人有了健康的身体,也才能做一些力所能及的事情,不给家人增加负担,家庭、社会才会更加和谐美好。养生,科学养生,一起来!

主题 ⑫ 平稳度过更年期

典型案例

A 城有一支"知更鸟"队伍,很被人们关注。这支队伍全部由女性成员组成,她们经常一起做公益、跳广场舞、参加合唱比赛等等。这支队伍在 A 城人人皆知,但许多人不知道的是这支队伍组建的初衷。今年近 70 岁的领队张姐,当年自己处于更年期的时候,承受了心理、生理上的极大变化,幸好有老公的积极配合,才度过了难熬的三年。之后,她决定将自己的经历和经验分享给同样受煎熬的妇女们。就这样,慢慢地,"知更鸟"的队伍越来越大。姐妹们原本属于陌生人,如今却情同手足、同甘共苦,享受着更年期之后的新生活。

案例分析

我们整体来看这个案例。见到的一个词应该是"变化"。第一个变化是更年期的生理和心理的变化。对于女性来讲,更年期是人人都不可躲避的一个阶段,或者说是躲不过的坎。那么到了这个年龄的女性从自己的主观上该如何面对呢?第二个变化是更年期前后的生活变化。我们只要用正确的思想面对这一阶段,完全可以将更年期后的生活过得红红火火。

生命探讨

科普更年期

提到更年期,大家往往会将之与情绪失控等词语关联起来,或者会想象一个歇斯底里的女性形象,并加上"衰老""女性魅力消失"等标签。事实上,只要在更年期内调整好自己,依旧可以表现出独有的女性魅力。

1.定义

更年期只是一个通俗说法,对应的医学名词是围绝经期。对女性来说,是指卵巢功能从旺盛状态逐渐衰退到完全消失的一个过渡时期,包括绝经和绝经前后的一段时间,可分为绝经前期(临床表现为月经周期不规则)、绝经期(临床表现为月经完全停止连续6个月以上)和绝经后期。全过程大约经历2至5年或更长的时间,因人而异。

更年期也可以简单地理解为妇女从有生育能力过渡到没有生育能力的这一段时间。通常情况下,更年期并没有十分确切的年龄范围,多见于50岁左右,近年来的数据表明,女性更年期有年龄提早的趋势。

2.科学认识

更年期是女性一个特殊的生理阶段,它标志着中年阶段即将结束,老年阶段继之而来。这一过渡阶段的女性会出现一些症状,这些症状只不过是生理改变的自然反应而已,并不是什么大不了的毛病,更不会威胁到生命。经过6个月到2年的时间,身体重新建立起平衡,就可恢复正常的生理状态,因此,更年期女性只要消除顾虑、排除紧张、减少思想负担,保持愉快的情绪,各种不适的感觉就能减轻并逐渐消失,使自己比较顺利地度过这一时期。

临床表现

(1)月经周期间隔时间延长,月经量逐渐减少,出血时间缩短,以致逐渐停经。也有月经量增多,伴有大量血块等情况,然后慢慢停止,生殖能力丧失,生殖器官萎缩。若有血量增大情况出现,一定要做必要的检查。

(2)精神和自主神经功能紊乱。这个时期的人常感到头颈部一阵阵地潮红,潮热出汗,口干,喉部有烧灼感,头晕目眩,头痛耳鸣,腰痛,思想不易集中,性情急躁,易激动,情绪复杂多变,失眠健忘,皮肤发麻、发痒,有的人有蚁走感,即有蚂蚁在身上爬动的感觉等,会使人烦燥甚至歇斯底里发作等。

(3)心悸、血压增高、肥胖、下肢浮肿、关节疼痛等。凡45至50岁的妇女,如有上述症状,经医生检查排除了其他疾病后,可诊断为更年期综合征。更年期是每个妇女必然都要经历的阶段,但每人所表现的症状轻重不同、时间久暂也不一,轻的可以安然无恙,重的可以影响工作和生活,甚至会发展成为更年期疾病。延续时间短的几个月,长的可达几年。

(4)腰酸背痛。研究表明,更年期综合征的表现不同。随着年龄的增长,骨丢失会加重,且多发生在脊椎,在重力的作用下,脊椎骨有被压缩的倾向,竖脊肌持续紧张对抗这种压缩倾向,使人有酸痛感,似乎弯着腰、驼着背更舒服一些,但是生活又要求人们站直了、别趴下。这样竖脊肌就必须持续紧张,久而久之,肌肉持续收缩得不到缓解,则腰酸背痛感愈强。这时尤其要注意修养调理,因为骨丢失会导致骨质疏松,继续发展则有可能发生骨质疏松性骨折。

病因机制

从西医来讲,由于卵巢功能的衰退和雌激素分泌量的降低,导致女性更年期综合征,所以补充激素就可以缓减由于雌激素量的低下所带来的各种代谢紊乱。此外,更年期女性常常有轻度的抑郁、焦虑或认知障碍的表现。如果没有其他的禁忌症,可采用激素替代疗法(HRT)来治疗女性更年期综合征。

从中医来讲,女性更年期综合征多以肾阴虚立论。女性年届"七七四十九",肾气渐衰,月经枯竭,精血不足,阴阳失衡;肝肾同源,肾精不足可引起肝失所养,疏泄失常,肝郁气滞;肾阴亏损,阳不潜藏,脉失于濡养,脏腑气血不相协调,因此常常会表现为忧虑、闷闷不乐、欲哭寡言、记忆力减退,注意力不集中,夜间多梦,或者极易烦躁,或者易多疑多虑,甚至喜怒无常等症状。

简单来说,肝肾阴虚、肝郁气滞是女性更年期综合征的主要致病机制。

3.特点

女性更年期的生理特点:

迟钝笨拙。更年期女性行动较迟缓、笨拙,身体比以前差,容易患上妇科疾病和其他疾病。所以,这段时间一定要加强身体保护,身体稍有不舒服就要赶紧检查治疗。

绝经高发炎症。女性更年期后,月经会慢慢停止。这是正常卵巢功能衰退的表现,不必惊慌。月经停止后如果再来,有可能是功能失调性子宫失血,要及时诊疗。

女性更年期的心理特点：

过分敏感。更年期女性，有时会有超强的想象力，会把与自己无关的事情跟自己联系起来，或者把一些很简单的小事情跟背后的无限可能性联系起来，所以丈夫可能会觉得莫名其妙，子女可能会觉得无法忍受。实际上这是这个年龄阶段所有女性几乎都会有的表现，家人们应给予更多理解和关爱。

心悸失眠。因为更年期敏感性强，想得太多，心里头不踏实，有时候就会彻夜睡不着觉，总担心有不好的事情会发生，经常心慌。

4.科学看待

更年期是人类生命过程中的正常发展阶段，是生命的必然过程。既是生理性的也是心理性的。

（1）更年期是女性生长发育成熟转向衰退的转折时期，是生命的必经阶段，是不以人的意志为转移的自然规律。每个人对更年期的反应有程度轻重、时间长短的差别，而不可能不存在更年期。将进入更年期的妇女，要有准备地去迎接这一变化，要努力提高自我控制能力，有意识地去控制更年期的各种症状。对于症状带来的苦恼，要善于自我调节，适当调理，使机体功能早日恢复平稳，而不可过分恐惧与疑虑，否则食不甘味、睡不安席，便会更进一步促使机体功能失调。

（2）正确对待症状，有病早治，适当调整。女性到更年期不论有无症状出现，常规的健康体检是非常必要的，应该持主动的、积极的态度。如果发现器质性疾病，就应积极治疗；如果仅仅是更年期反应，就通过自我调理来解决，而不必过分在意。

上述特点，并不是所有更年期妇女所共有，而只是在一部分更年期妇女身上出现。更年期妇女为了平稳地度过更年期,要根据自己的身心特点去进行工作和生活,既不要不顾身心变化去勉强行事,也不要谨小慎微、顾虑重重、无所事事,要正确认识更年期出现的生理和心理变化。更年期的某些生理和心理的失调是暂时的、功能性的,因此,不要惊恐不安。精神乐观、情绪稳定,是顺利度过更年期最重要的心理条件。

如何平稳度过更年期

一个女性生命的三分之一的时间将在绝经后度过,因此,必须重视和做好更年期不同时期的预防和保健措施。如果在更年期来临之前,就能对更年期有所了解,做到心中有数,那么一旦发生月经失调、潮热出汗等症状时,就不至于惊慌失措。

1.前期的知识储备

通常情况下,更年期并没有十分确切的年龄范围,多数出现在 50 岁左右。有大约 1% 的女性在 40 岁之前绝经,这在医学上称为"卵巢早衰"或者"早发性卵巢功能不全"。大约 10% 的女性在 45 岁之前绝经,这被称为"早绝经"。

从月经紊乱到月经彻底停止,平均时间大约 3 年,但人和人的差异很大,有人可能突然绝经,也有人月经紊乱的时间远超过三年,甚至长达六七年的也不在少数。所以,40 岁后开始月经紊乱就算是正常的。很多人以为更年期是老年人的问题,实际上更年期是中年甚至是青年女性的问题。关于更年期症状持续的时间,大部分人都会持续 1 年以上,有少部分人甚至是会承受长达 10 年的折磨。

此外,更年期的症状表现、持续时长,与很多因素相关,如人种、遗传背景、受教育程度、职业、经济条件、生活方式等。如果母亲的更年期症状比较明显、持续时间比较长,女儿也会有相似倾向;受教育程度高的女性,因为工作压力、思维特点、脑力劳动的关系,更年期反应普遍较明显;会计、教师群体的更年期也往往更明显、更长。

更年期作为一个变更的时期,人的机体各方面发生明显变化,是很多老年退化性疾病起病萌芽的关键阶段,比如骨质疏松症、心脑血管疾病等。

2.健康的生活方式

健康的生活方式对每个人都很重要,尤其是更年期女性。简单说,就是平衡膳食、合理运动、不吸烟、少饮酒。

更年期人体代谢率明显下降,就需要适度控制热量摄入,否则体重就会增加,或者表现为腹部脂肪增加。脂肪增加不仅是体态不再窈窕、不好看的问题,还与心血管疾病风险明显增加有关。针对这种情况,不应一味节食,需强调平衡膳食,尤其需注意充分的钙剂、维生素 D 和蛋白质的摄入。每天需补充 600mg 钙和 800~1000IU 维生素 D,这两点大家可能已经比较重视了,但对蛋白质摄入的重要性往往还认识不足。蛋白质摄入不足易导致肌肉量减少,从而引发身体衰弱等不良后果,所以至少需要保证每天一个鸡蛋。

运动好处多多,除了能帮助女性保持体重体型、对骨骼肌肉有利外,还有助于缓解更年期症状。我们提倡每周至少 3 次、每次至少 30 分钟、强度达中等的锻炼,每周应有 2 次抗阻力练习。

吸烟会让女性的卵巢功能提前衰退,并且吸烟的女性潮热出汗症状会较重,能戒当戒。

3.乐观的生活态度

重视自我

女性要适当突出"自我",重心不要都放在老公和孩子的身上。要有自己的朋友圈,多交往一些有正能量的朋友和已经顺利度过更年期的女性。适当的群体活动特别有助于心理健康,也有利于情绪调节。对职业,应保持继续努力的动力,但不要定过高的目标,不要给自己太大的压力。

修身养性

适当读书。各类书籍能扩大视野范围,因为有一定阅历后,会活出另一种韵味。内在的修养决定外在的气质。

忘记年龄,不轻言"老",对一切事物依然保持足够的好奇,涉猎更宽的生活领域,努力让自己变得更好。培养自己的兴趣爱好,小时候或者年轻时没有条件去做的事情现在不妨去学一学,比如学钢琴、学舞蹈、学书法、学画画。

顺从身体的改变

运动要适宜,不要超过身体的承受范围。做运动的目的是促进健康,不要因不当运动反而带来伤害。不盲目保健和整形,每个年龄都有自己的美,应更加重视内在美与气质美。

4.良好的生活习惯

小习惯也可改变大难题。更年期的症状有很多种,当症状已经出现,一般来说轻度的症状通常可以自己调整而解决,比如,适当多运动、多和朋友聚会;尽量让自己的心情保持在一个比较好的状态。这些都对减轻症状有益。再比如有潮热出汗情况的女性,尽量不要穿套头的衣服,改穿对襟的衣服,便于随时穿脱,也就不太容易感冒了。注意生活环境的温度不要过高,注意室内通风。尽量不要吃辛辣的食物。潮热出汗症状发作时，深呼吸，尽量让自己平静下来。阴道干涩的症状可以应用非处方的阴道润滑剂。改变饮食结构，多吃一些富含蛋白质和糖类的食物，例如牛奶、豆浆、蛋类、肉类等，多饮水，多吃新鲜的水果和蔬菜。

5.家庭的积极支持

丈夫和家庭是更年期女性最坚强的后盾，包容、关爱和理解是理所应当的。更年期女性身心保健是全家的任务。给更年期女性创造良好的生活环境，帮助其有意识地控制自我情绪，同时减轻对更年期女性的不良刺激，将有效减少更年期综合征的发生。

家人都应该知道，更年期是一个正常的生理变化过程，出现一些症状是不可避免的，不必过分焦虑，要解除思想负担，保持豁达、乐观的情绪。多参加一些娱乐活动，以增加生活乐趣。与家人一起散步、慢跑等，适当运动锻炼，有助改善全身状况。说起来容易做起来难，家人们如果能在思想和活动两方面积极配合，女性的幸福感加强了，心情愉悦了，更年期就很容易度过了。

医生的暖心帮助

通常，女性的月经量是呈减少趋势的，如果经期延长、经量增多时必须看医生。大约10%至20%的女性会在更年期发生大出血，严重者需要刮宫止血。另一个严重后果是子宫内膜不典型增生甚至癌变的可能性增加。

潮热、出汗、疲乏、失眠、骨关节肌肉痛、抑郁焦虑等全身症状，也包括泌尿生殖道的局部症状多多少少都会表现。若症状明显到影响生活的程度，就应该去看医生。

骨质疏松问题。对于有骨质疏松症危险因素的女性,建议在更年期来临之际主动到医院就诊,测一次骨密度,有助于评价未来发生骨质疏松症的风险。

最后,通过强大自我,结合外力援助,希望所有在更年期阶段的女性都能以最好的状态度过更年期。更年期过后,女性的生命便迎来了新的阶段。希望人人拥有老来康、老来乐、老来福。

更年期误区解读

1.更年期只属于女性

用"迟发的性腺功能减退"来命名"男性更年期综合征"已经得到医学界的认可,而针对普通人群进行的宣传中,为了便于理解,仍在采用"男性更年期"这一说法。男子随着年龄的逐渐增大,肾气逐渐减弱,精血的供应日趋不足,出现了中医上所说的"肝阴血亏"。个别男性由于自身的体质减退、疾病上身、劳累过度、精神紧张、社会压力过大等因素的影响,导致体内的雄性激素分泌量开始下降。由于自身体质的变化不能靠自身来调节实现,而导致身体出现了一系列功能紊乱表征。所以说,男性也有更年期,只是一般没有女性明显。

2.夸大保健品缓解更年期症状的作用

现在很多女性遇到更年期症状都会去寻求一些保健品的治疗。只要这个保健品真正能够减少更年期症状,能够预防所谓的骨质疏松和血脂的改变,它里头一定是含有雌激素的。但是里头含有多少雌激素,我们不知道,有没有加孕激素,我们也不知道,这就有一定的危险性。首先,单用雌激素会引起一些病变,所以医学治疗上要添加一些孕激素;其次,激素属于微量高效能的物质,所以剂量是特别重要的,激素使用过量也会引发疾病。

但是钙制剂保健品是可以用的,这个对于更年期女性是非常重要的,40岁以后就应该开始补充一些钙制剂了。

生命寄语

特别的爱给特别的你。请珍惜女性来之不易的宝贵时光,青春已经消失,未来还有好多美好的日子。作为母亲,爱家庭,爱子女,更要爱自己。要给自己留下保养自己的时间,减轻更年期的烦恼,提高生活质量,降低老年慢性疾病的风险,健康安然地度过人生的余年。

主题 ⑬ 向家暴说"不"

典型案例

2019年11月25日,在第20个"国际消除家庭暴力日"这天,网名叫宇芽的美妆博主,在她的微博里公开发布了一段视频。视频时间为2019年8月21日下午5点多,地点为重庆某小区的电梯里,一男子赤膊野蛮地抓着一名倒地的女子,疯狂地往外拖拽。女子在地上拼命挣扎,用脚抵住电梯,害怕被拖出电梯,但最后还是被生生地从电梯中拖出。监控视频长度大约1分钟,并标注:"我被家暴了,过去的半年我仿佛活在噩梦里,关于家暴的这一切,我必须说出来。"视频一经发布,就引起了网友关于家暴的热议,并迅速上了热搜。

视频中的受害者宇芽是一名知名美妆博主,曾仿妆过多位名人,包括蒙娜丽莎、爱因斯坦等,还登上过英国《每日邮报》。在这起家暴中,据她讲述,把她拖出电梯的是她的男友,当她被拖出电梯后,男友用力掐她的脖子,又抓着她的头往墙上撞,不停地辱骂,之后,她被重重地摔在了地上,尾椎着地。加上这一次,她一共被对方家暴5次。虐打、扇耳光、抓头撞墙、拖出电梯、踩脸掐喉等等,严重影响了她的生活和工作,其中一次整整一个月她都无法正常走路。与她同样遭受过类似家暴的,还有家暴男的前三任妻子。

案例分析

在网友眼中,宇芽是个"一人千面"的美妆网红女孩。在男友手中,她是被长期施暴的瘦弱女子。男友曾经是女孩心目中才华横溢、温柔贴心的偶像,女孩向往着与他携手奔向美好未来。这样美好的憧憬,在男友一次次家暴中灰飞烟灭。在前几次的家暴中,或许是出于畏怯,或许是抵不过暴男的"软磨硬泡",或许是希冀暴男的悔过自新……出于挽救婚姻爱情的考虑,一而再、再而三地原谅了对方。把家庭暴力视为"家务事",使其很隐蔽,不愿告诉外人,更不用说借助法律解决问题。日子在"吵架—暴力—和好"中循环,一次次助长了施暴者的恶行,直到暴力次数变多、暴力行为升级,忍无可忍,危及生命,她仍没有寻求法律的保护,只是在心里挣扎了好久之后,才有勇气把事件公布于众,而且公布之时距离她在电梯里被施暴已经超过3个月。如果暴男的前三任妻子能够早点儿发声,如果宇芽在第一次家暴后就勇敢地站出来求助,那么案例中的家暴事件也许就不会发生。

生命探讨

家庭暴力是违法行为,不是家务事。受到家暴的人一定要勇敢地对家庭暴力说"不"。我国《反家庭暴力法》在 2016 年 3 月 1 日已经实施。

据 2019 年全国妇联资料显示,我国 2.7 亿个家庭当中,有 30%的已婚妇女曾遭受过家暴,平均每 7.4 秒就有一位女性遭丈夫殴打,有 70%的施暴者不仅打妻子,还打孩子。

家庭暴力概念及类型

1.概念

家庭暴力,是指家庭成员之间以殴打、捆绑、残害、限制人身自由以及经常性谩骂、恐吓等方式实施的身体、精神等侵害行为。

家庭成员之间,即共同居住生活的家庭成员之间,如夫妻之间、子女与父母之间、婆媳之间及其他家庭成员之间。需要说明的是,我国《反家庭暴力法》第37条规定:家庭成员以外共同生活的人之间实施的暴力行为,参照本法规定执行。即"家庭成员"这个限定包括家庭成员以外共同生活的人,比如婚前同居以及离婚不离家的非婚姻关系伴侣。也就是说,非婚姻关系的伴侣之间发生的暴力行为参照《反家庭暴力法》的规定执行。

2.类型

根据施暴者的行为,家暴的类型可分为:

身体暴力。表现为一方对另一方进行身体上的伤害。例如殴打对方、进行体罚,甚至行凶、残害对方,捆绑、限制对方的人身自由等行为。

精神折磨。表现为威胁或恐吓对方,对对方进行咒骂、辱骂,对人格进行讥讽、凌辱等,造成对方精神上的紧张、焦虑、愤怒,心理上的压抑等,给对方以极大的心理和精神伤害。冷暴力也是精神折磨的一种表现形式,多为通过冷淡、轻视、放任、疏远和漠不关心,致使他人心理上受到侵犯和伤害。

性暴力。把受害妇女或儿童(未满14岁)当成发泄的性工具,进行性摧残。对受害者进行人格侮辱、尊严践踏、生命健康威胁。性暴力对受害者妇女儿童的精神会造成严重的摧残和伤害。

人身自由控制。通过对家庭资源(时间、住房、金钱、食品、衣服等)的控制达到对对方的控制,使对方丧失作为独立个体所应拥有的人身自由的基本权利。

根据受害对象的不同,家暴的类型可分为:亲密伴侣暴力(男方对女方或女方对男方)、儿童暴力、老年人暴力。

家暴的受害者不仅仅指女性,还包括老人、小孩、男性。根据中国反家庭暴力求助网站访问情况统计,截至 2019 年 11 月 23 日,访问人数累计达 253144 人次。女性家暴受害者占所有受害者的 66.1%、老年人家暴受害者占比为 6.1%、未成年人家暴受害者占比 12.3%、男性受害者占 4.6%。

家庭暴力的特点

(1)普遍性。家庭暴力在我国乃至全世界都是一个十分严峻的问题。不论是在发达国家还是在发展中国家,都不同程度地存在着家庭暴力,不管是在贫穷落后的过去还是在物质相对富裕的今天,不同出身、不同职业和不同文化水平的人群中都广泛存在。据全国妇联统计显示,30%的中国已婚妇女曾遭受过家暴。

(2)严重性。在施暴的过程中,施暴者往往已失去理智,不但对受害者身体进行伤害,人格上也不尊重,精神上更是摧残。当受害者忍无可忍时,有的被迫采取了"以暴制暴"的极端手段,其危害性更强于普通的暴力犯罪。国内和国外的现实案例中因家暴发生命案的就有许多。据我国妇联 2019 年统计,家暴致死,占妇女他杀原因的40%以上;英国国家统计局的官方数据显示,从2000年到2018年,英国发生了1870起家庭谋杀事件,超过6000人因家庭暴力自杀或是被杀害。

(3)隐蔽性。由于受清官难断家务事、家丑不可外扬,甚至封建的"三纲五常"等传统观念影响,人们对于家庭暴力存在有很多误解,认为这些行为都是发生在具有血缘关系或婚姻关系等的家庭成员之间,不属于家庭暴力。为了不影响婚姻和家庭的稳定,受害者一般都采取隐忍态度,特别是女性,在受到侵害时,宁可在家忍气吞声、忍辱负重,也不愿声张。

(4)反复性。家庭暴力的施暴人与受害者具有长期共同生活的关系,往往被施暴的人都是在家庭中较为懦弱的一方,家庭暴力一旦有第一次,往往就会成为一种习惯,在"吵架—暴力—和好"中循环,施暴者家暴后常常有反悔道歉之意,而受害者想稳固家庭,隐蔽丑事,出于胆怯和幻想而选择了原谅,当又因家务琐事发生矛盾,或施暴者无缘无故地情绪波动时,施暴者又会实施暴力行为……

家庭暴力的危害

(1)影响受害者的身心健康和生命安全

家庭暴力除了对受害者肉体上构成伤害,往往还同时伴随着对受害人的精神摧残。受害者长期遭受家庭暴力,在暴力伤害下精神处于高度紧张和恐惧之中,极易导致精神状态不可逆转的危害,而精神上的创伤往往比身体上的创伤更难治愈。严重的家庭暴力还会威胁到受害者的生命安全,造成受害者被杀或自杀。

(2）破坏婚姻关系导致家庭破裂

在一个家庭中,夫妻之间经常发生家庭暴力,必然影响夫妻感情。让受害者难以感受到来自家庭的温暖,幸福指数会大大降低。受害者在面对家庭暴力后长时间心情压抑、悲伤、心灰意冷,往往会对婚姻生活失去信心,有的会选择离婚、离家出走,有的甚至通过以暴抗暴等途径摆脱遭受的暴力,致使婚姻家庭破裂。

(3）影响子女的正常生活和成长

经常发生家庭暴力的家庭,对孩子的身心健康有着严重的影响。特别是直接对孩子施暴时,更容易使孩子产生恐惧、焦虑、厌世等情绪,轻者影响孩子的情绪,使他们自卑、孤独,影响学习和生活;重者导致孩子荒废学业、离家出走、走上犯罪道路,甚至轻生。

(4）危害社会稳定和发展

家庭暴力的隐蔽性、反复性,会给受害者的身心造成极大的伤害,由于长期看不到希望,对生活失去信心,就有可能采取以暴制暴——故意杀人、报复社会等极端手段,酿成恶性事件,影响人们的正常学习工作和生活,危害社会稳定和发展。

如何预防和处置家庭暴力

(1）增强法治意识。国家制定《反家庭暴力法》是为了预防和制止家庭暴力,保护家庭成员的合法权益,维护平等、和睦、文明的家庭关系,促进家庭和谐、社会稳定。每个家庭成员都要认真学习并了解我国《反家庭暴力法》的相关内容,增强法律意识,明白施暴者会受到法律制裁,受害者可以拿起法律武器维护自身合法权益,从而做到遵法、用法。

(2)构建和谐家庭。家庭成员都要积极参加有关家庭美德的宣传教育等活动,树立正确的人生观,全力营造和谐的家庭氛围。在家庭生活中,每一位家庭成员都要养成良好的生活习惯和健康的生活方式;在日常相处中,要相互尊敬、互相关心、相互信任;在遇到矛盾时,要学会换位思考,做到理解、宽容、不嫉妒、不报复;在对方遇到困难和压力时,要给予支持、帮助,不挖苦贬低和嘲弄,伸出援手,共克时艰。

(3)使用法律武器。当第一次家庭暴力发生时,受害者就要保留证据(拍摄照片、视频,及时就医验伤等),向施暴者或者受害人所在单位、居民委员会、妇女联合会、学校等投诉、反映,请求帮助调解、化解家庭矛盾,并教育施暴者遵守法律;也可以采用向公安机关报案、向法院申请人身安全保护令等,维护自身合法权益,但绝不能以暴制暴触犯刑法。做和谐家庭的维护者,用法律武器保护自己。

生命寄语

福善之门莫美于和睦,患咎之首莫大于内离。家庭是爱和幸福的温馨港湾,一个美好的家庭,有如沙漠中的甘泉,使人洗心涤虑、怡情悦性。每个人都要提高守法意识和自我保护意识,反对家庭暴力,共建和谐平安家庭。

主题 ⑭ 谨防儿童被拐骗与被性侵

典型案例

2013年11月日上午,湖北仙桃5岁女童小雪在上学途中被一名有暴力倾向、疑似间歇性精神病的患者强行带上高速公路。在危险的境况下,小雪临危不乱,机智勇敢地和强拐人周旋,抓住机会主动向警察求救,最终毫发无损地回到了父母身边。整个脱险过程惊心动魄,堪称儿童"防拐教材"。

湖北高速警察接警后在视频监控中发现线索,指令3名巡逻民警前往处置。民警一下车,小雪就迅速挣脱女嫌疑人,跑过去抱住了民警邬龙的腿,哭喊道:"她不是我妈妈。"并准确地向民警描述了事情发生的过程:"我早上要上学,她把我带到这里来了……"

随后,小雪准确地报出了自己的姓名、就读学校及家长联系方式,她告诉民警:"我叫××,我是'新小'(新生街小学)的,书包上有我爷爷的电话。"民警通过这些信息快速与小雪的家人和老师取得了联系。

案例分析

本案例属于"顺手牵羊"拐骗类型。家长们一方面不要让小孩独自出门,另一方面,要借鉴小雪的案例,对家里的小孩子从小进行"防拐"教育:

1.认识警察,知道警察是干什么的,知道有危险要求助于警察。

2.在遇到坏人强行要将自己带走时,如果地处偏僻,自己孤身一人,不要过度反抗,以免激怒对方。

3.发现身边出现警察,要迅速挣脱坏人的束缚向警察求助。

4.能向警察准确描述被拐过程,排除坏人语言干扰。

5.警察询问时,能准确报出姓名及家长联系方式。

6.被解救后,要紧跟警察,防止意外发生,保证自身安全。

生命探讨

儿童是祖国的未来、民族的希望,同时也是社会中的弱势群体,需要全社会共同保护。一直以来,拐卖儿童都是人们深恶痛绝的犯罪行为。2—7岁儿童是被拐骗的主要年龄段。人贩子拐卖儿童的方法手段也是层出不穷。那么,如何预防儿童被拐卖,有效打击犯罪呢?下面,我们就一起来了解一些常见的拐骗儿童手段以及应采取的相对应的防范措施。另外,除了教给孩子必须的防拐常识外,家长自己还应掌握一些防拐知识,以最大限度地保护儿童,防范儿童被拐卖。

常见拐骗手段及防范措施

1."熟人"接走

在校门口或教育培训机构门口,人贩子常常冒充熟人或和孩子混熟骗走孩子。放学时,人贩子冒充孩子父母的熟人来"接"孩子;或者花费一段时间,先和孩子及其家人混熟,乘其不备,骗走孩子。曾有个案例,有个人贩子装作"家长",每天在某幼儿园门口接孩子。在等孩子的过程中,和几位真家长慢慢熟悉了起来,也和几个小朋友慢慢熟悉了。有一天,有位孩子家长来迟了,幼儿园却告知,孩子已被他的"×叔叔"接走了。

防范措施:家长要经常告诉孩子一些防拐常识,也不要带着孩子胡乱攀认"叔叔""奶奶",以免被坏人钻了空子。同时也要告知孩子那些所谓的"阿姨""爷爷"只是一声称谓,他们其实是陌生人。任何时候,都不能跟陌生人走,不能听陌生人的话。

2.错托"熟人"

生活中,有些人我们常见,有些人我们常打招呼、唠嗑话家常,有些人常常和我们一起玩乐,可细想下,这些"熟人"姓甚名谁、哪里人士、做什么的、住在哪里、联系方式是什么,我们都一概不知。可我们一不小心,就对这些"熟人"降低了防范,把孩子托付给其中之一。有时,就发生了无法挽回的悲剧。

另一个案例中,有个人贩子伪装成小摊贩,在广场摆了个卖水的便利摊。时间长了,和常在那里跳舞的一群老太太成了"熟人"。一天跳完舞,有个带着孙子跳舞的老太太着急上厕所,就把孩子托付给小摊贩代为看管片刻。等她回来,小摊贩早就抱着孩子跑了,连便利摊都不要了。

防范措施:居民要分清"真熟人"和"假熟人",尽量不要让孩子离开自己的视线,更不要轻易把孩子托付给所谓的"熟人"。对于不知根、不知底的"假熟人",要在心里区分清楚,也要让孩子区分清楚。

3.应聘保姆后偷走孩子

电影《找到你》中,姚晨饰演的女主角的女儿就是被保姆偷走的。自私的保姆因为自己的女儿肝脏需要移植,就想出了应征保姆后偷雇主的孩子给自己的孩子移植肝脏这样恶毒的办法。艺术来源于生活。现实中,也确实有人假装应聘保姆取得雇主信任后,趁机偷走孩子。

防范措施:害人之心不可有,防人之心不可无。家里如果要雇保姆看孩子,一是不要让保姆拿家里钥匙,二是不要让保姆和孩子单独待在家里,也不要让保姆独自带孩子外出。

4.公然抢夺

这种情况一般发生在偏僻地带,有时也会发生在闹市。遇到单独出行的孩子,一些人贩子直接在街上抢孩子,或者直接从妈妈手里抢走孩子,如果周围人多,还会诬陷孩子的母亲是人贩子。

防范措施:家长要提前告诉孩子,不要单独去偏僻的地方,如果在闹市,可以让孩子采取对离他最近商铺进行破坏或把离他最近的行人的手机摔坏等方式,要求对方报警,并告诉对方报警后父母会加倍赔偿。

遇到人贩子从大人怀里直接抢孩子,家长们可以直接求助路人报警,另外最好随身携带小孩的身份证,这样不仅能自证身份,还能让人贩子很快露出原形。不过如果遇到人贩子团体作案,自证自救的机会就会减小。如果孩子太小的话,妈妈最好不要单独抱孩子去偏僻的地方,尽量少去闹市、车站等人流复杂、交通四通八达的地方。如果非要带孩子出门,要用婴儿背带把孩子绑在身上。婴儿背带分为前抱式和后背式,样式很多。使用婴儿背带,安全系数会大大增加。

5.顺手牵羊

小孩子在巷子里、大门前、小区院子里或路边独自玩耍或身边没有大人时,人贩子从其身旁路过时,会顺手将他们拖走或抱走。前后不到一分钟,人贩子就能完成整个拐走过程。近年来,"顺手牵羊"拐走孩子在车站、公厕、家门口发生率也较高。

防范措施:父母要时刻关注自己孩子的动向,不要让孩子离开自己的视线。还要告诉他们不要独自去外面玩耍,告诫他们遇到陌生人拖拽时,要大声喊叫寻求救助。

6.坏人故意弄脏孩子衣服

在公共场所,嫌疑人故意往小孩身上泼洒脏水、墨汁、菜汤等弄脏孩子的衣服,再冒充孩子的家人带着孩子去处理,或者假装道歉带孩子去清洗,减少周围人群对他(她)的怀疑,趁机拐走孩子。

防范措施:无论何种情形之下,都不要让孩子离开自己的视线,更不要让任何人以任何理由从自己身边带走孩子。

7.假装工作人员

有些人贩子,在医院、餐馆、超市、小区等公共场所,假装成医护人员、送餐员、警察、保安等工作人员,假装为孩子打卡介苗、抽血化验、取餐等,趁机下手,骗走孩子。有个孩子,因病在某医院住院。有位"护士"进来,以要给孩子抽血化验为名,从众多陪护孩子的家属中把孩子抱走后,一去不复返。家属们等了很久,才反应过来。赶紧去护办询问,才知抱走孩子的是假护士。

防范措施:在人员密集的公共场所,家长更是不能掉以轻心。不要轻易让孩子离开自己,即使在医院,既然是去陪护孩子,就一定要"陪"到底。要知道,医院给孩子做任何检查,只有两种形式:一种是护士来病房给孩子查体温、量血压等;另一种是开单子让家属带孩子去相关科室做检查。没有一项检查是要求护士单独抱着孩子去做的。所以,一定不要让任何人抱走孩子。

教孩子一些防拐骗常识

1.教孩子记住自己的名字和父母的名字、城市名字、小区名字和门牌号。

2.教孩子熟记父母和其他亲人的电话,还要教会孩子如何拨打电话。

3.教孩子拨打"110""119""120"等求助电话,告诉孩子只有紧急情况才能打,平时不能乱拨。

4.让孩子知道谁是可以信任的人:一是穿军警制服的群体,有事找警察叔叔这个意识要从小灌输给宝宝,并教宝宝辨认警察、军人和保安等穿制服的人;二是银行、大的机关单位或超市商场统一着装的工作人员,迷路的孩子可以走近这样一个群体寻求帮助。

5.教孩子不要接受陌生人给予的任何物品。食物里面很可能已经被掺进了药粉。有的不法分子会以玩具作为诱饵,吸引孩子的注意力,趁机将他们抱走。

6.教孩子不要理会陌生人,对于陌生人提出的任何要求和请求都要坚决拒绝,比如:"小朋友,你帮我带个路,去××地方吧?"也不要被陌生人的夸奖、赞美弄得沾沾自喜而失去了警惕。始终记住一条:不要理会陌生人。

7.教孩子单独在家时,不要给除至亲外的任何人开门。除非是父母打电话允许的。

防儿童被拐骗须知

1.家长不要在朋友圈晒孩子的照片、位置、名字。

2.尽量不要把孩子托付给至亲以外的人,包括熟人。

3.教育孩子不要独自去别人家做客。

4.别让孩子独自出门去任何地方,包括买东西、玩耍等。

5.带孩子出门,尽量两个人以上。单独带孩子出门,尤其是老年人或女性,想办法把孩子和自己联结起来,比如拿根绳子把两人拴在一起或者其他办法。

6.别让孩子离开自己的视线。

预防儿童被性侵

父母不仅要自己具有一定的自我保护意识和一定的防范能力,还要具有保护儿童的意识,掌握防范儿童性侵等不法侵害的常识。

1.一定要告诉孩子不管是谁,未经爸爸妈妈的同意,不管他用什么美味的糖果或者玩具去诱惑你,也不可以跟他走。

2.要教孩子认识自己的身体,知道自己的隐私部位,对触摸隐私部位的人要大胆说"不"!

①对于男孩来讲,男孩的生殖器官和屁股是隐私部位,是不可以给外人看或者是摸的。

②对于女孩来讲,女孩的乳房、生殖器官和屁股是隐私部位,是不可以给外人看或者触碰的。

3.告诉孩子,如果有人要看你的隐私部位,谈论你的隐私部位,触碰你的隐私部位或者叫你触碰他的隐私部位,还有就是有人拥抱、背、亲吻你,无论是叔叔还是阿姨,要勇敢地对他的行为说"不"。

4.告诉孩子,即使是爸爸妈妈,也是只有在特殊的情况下才能触碰自己的隐私部位,如在帮孩子洗澡,或者孩子隐私部位受伤的情况下才行。

5.告诉孩子,爷爷奶奶、姥姥爷爷或者其他照顾孩子的人,在父母允许的情况下才可以触碰自己的隐私部位。

6.要时刻观察孩子,多和孩子沟通,看看孩子是否近期不太爱说话,有恐惧、恐慌的现象出现。若发现,要及时询问孩子并找出原因。

7.孩子喜欢的人,也要让孩子和其保持适当的距离。

8.尽量别让孩子离开自己的视线。

生命寄语

儿童被拐卖与被性侵,防不胜防。父母除了做好孩子的安全教育之外,也要让他们相信世界的善意,不要让孩子天真的世界一直充斥着欺骗和危险,也不要让孩子过于天真善良。总之,出门在外把孩子好好地"拴"在身边,千万别让孩子离开自己的视线。防患于未然,方能万无一失。

主题 ⓰ 面对暴力侵袭

典型案例

有个穷凶极恶、身负多条人命的绑匪张某,却唯独放过了一名叫欢欢(化名)的小学生。只因为被绑架的欢欢对他说:"叔叔,您千万别杀我,您看我这么乖巧,要是您的儿子也这么乖巧,您一定会加倍疼爱的。"张某回答:"我没儿子。"欢欢请求道:"您别杀我,我给您当儿子,给您养老送终。"后来,绑匪张某在向警察供述中称,他犯下的绑架案件中,基本上都把人质杀害了。只是,他唯独对这个愿意给他当儿子的孩子下不了手。

案例分析

案例中欢欢小朋友被绑架后,用温情打动了杀害多名人质的绑匪,从而保护了自己的生命安全。面对力量明显强于自己数倍、穷凶极恶的绑匪,小学生欢欢没有因恐惧而哭闹,也没有因为痛恨而辱骂绑匪,更没有和绑匪发生正面冲突,进一步激怒对方,而是假意把绑匪当作朋友、当作父亲,和绑匪心平气和谈话,还要给绑匪当儿子、给绑匪养老送终。绑匪张某原意是要杀害欢欢的,但最终对"儿子"下不了手,使得欢欢能死里逃生,平安回家。我们要借鉴欢欢的做法,遇到不法侵害时,对犯罪分子动之以情,晓之以理,然后寻找机会,机警脱身。

生命探讨

面对突如其来的暴力侵袭,我们要保持冷静的头脑,机智地保护自己。还要提前教给孩子防范暴力侵袭的知识,提高儿童自我保护意识和自救能力。这是能否远离危险、防止被侵害的关键。

防范不法侵害的常识

为了有效地保护自己,每个人都应该掌握和具备一些自我保护的方法和防范不法侵害的常识。

1.不法侵害很多时候发生在晚上,比如网上疯传的某女士被路遇男暴力殴打的视频,事情就发生在凌晨。所以,除非万不得已,晚上不要出门,尤其是妇女和儿童。另外,晚上要记得把窗户关上,防盗门一定要反锁。例如,某生活小区某单元曾发生集体入室盗窃案,案发时间是凌晨1点。只有防盗门反锁的两户门没被打开,其余住户房门全部被撬锁后入室盗窃。

2.出租车司机最好能在两排座位之间安装上较坚固的隔断,晚上尽量不去偏僻的地方,尽量不出远门。万一晚上出远门的话前门要锁上,让乘客坐在后排,同时还要和公司报备,尽量拍下租车人的相貌照片,登记其身份证号发给同事或家人。

3.记住家人和其他可信赖的成年人的电话,在遇到侵害时,及时向他们寻求帮助。女性朋友如路遇流氓拦截自己,要想方设法与之周旋,将其引到自己熟悉的地方、自己家人常出现的地方或自己家附近等。

4.可以和亲人或熟人提前约定一些暗语或者临时编一些暗

语。比如有个出租车司机被持刀劫匪劫持的案例。受害人驾车在经过加油站时,对见到的一个熟人说:"有时间一起去我爸那里喝酒啊!"等他一走,这个熟人就马上报警了。因为出租车司机的父亲早就去世了,这个熟人当时还参加了葬礼。

5.如在路上遇到陌生人开车问路,不要太靠近他的车辆。若遇到陌生人尾随,应想办法跑到单位、超市等公共场所或人多的地方,伺机摆脱。有必要的话,也可向警察或家人求救。还可以用脚踢或用包拍打停在路边的车,触发警报器响声,引起他人注意。

6.妇女儿童或老年人独自在家时,不要给陌生人开门。如有人敲门或打电话问其他家人去向,不要告诉他家里没有别人,不要让陌生人到家中做客,不要跟随陌生人去别的地方,尤其是偏僻的地方,不给其可乘之机。如果有人以推销员、修理工等身份要求开门,可以说家中不需要这些服务,请其离开。如有人撬门爬窗或强行入门,应立即大声呼救或电话报警,也可拿起家里的菜刀、锤子作为武器来震慑歹徒。

7.假如你遇到了劫匪,可偷偷将报警短信发给亲友,让亲友代为报警;或者用手机给家人拨打电话,一直保持通话状态,并大声和劫匪说话,尽快让家人明白你的位置和处境。如果没有手机或电话,可寻机写张"求救"纸条,将你遇到的事情简单写明,向外扔出,并请求拾纸条者代为报警。

8.若劫匪向你索要钱包或其他物品,不要直接递给他,可将钱包或其他物品抛向远处。歹徒对财物很可能有兴趣,他会去抢拿财物,而这时是你逃跑的有利机会。你往相反方向拼命跑,边跑边喊,以引起行人注意。

9.假如你被绑架并被丢进轿车的后备厢,不要惊慌,要把车后灯踢破,将你的手从洞中伸出去,用力挥手。驾驶人看不到你,但是其他人能够看得到。一般人都会意识到你遭遇了绑匪,就会及时报警。

面对暴力侵袭

如果我们遇到不讲理的人,或者性格极端之人,或者钻牛角尖之人,或者被歹徒持刀抢劫、绑架,孤立无援,该如何自救呢?如何才能运用智慧,随机应变,化险为夷,从而避免不法侵害与暴力侵袭呢?

1.能跑则跑

我们外出若是遇到不讲理的人时,异地他乡,身处劣势,让他三分又何妨?面对性格极端、爱钻牛角尖的人,原则上是放低姿态,能让则让、能跑则跑,不与之言语上争长短、行为上纠缠,要想办法摆脱他,以免遭到侵害。另外,察觉到情况对自己不利,马上把自己的位置用微信发给自己的几位好友,并请他们马上拨打"110"。

如果遇到不法分子,一定要冷静、镇定,不要惊慌,要迅速判明自己的位置、力量对比及所处环境,根据自己的体力、心理状态、周围情况及对方的目的采取不同的对策。

2.巧妙周旋

遇到危险先要稳住对方,如答应对方的财物要求,有意拖延时间,再寻求时机逃离。比如主动与他们称兄道弟,主动邀请他们一起吃饭等,取得他们的信任,使其放松警惕,伺机脱离危险。与犯罪分子周旋的过程中,要巧妙地吸引对方留下联系方式,以便及时报案,为公安机关抓获犯罪分子提供方便。

倘若自己被歹徒控制并作为人质索要钱财时,不要断然拒绝,以免招致对方动武使自己吃亏。可按其要求交出财物,然后动之以情、晓之以理,讲明利害。可以告诉绑匪:"如果此时此刻停止犯罪,最重罪行只不过是非法拘禁,只要不伤害我,或许还可以免予刑事处罚。如果想要钱,家人见不到我是绝对不会给钱的。如果没拿到钱就将我杀害了,那你就成了杀人犯,真的很不值得。要是那样的话,不但会给我的家庭带来不幸,而且也会给你的家人带来灾难。我们又没有血海深仇,大可不必两败俱伤。"通过耐心说服,有可能会使歹徒放弃或终止其犯罪行为。

歹徒绑架人质后一般有四种情形:没得到钱就杀人灭口;得到钱后杀人灭口;被认出来后杀人灭口;拿到钱后将人质释放。最后一种概率小之又小,所以,面对绑匪一定要慎之又慎。

有些绑匪是被生活所迫,头脑简单,一时冲动,才铤而走险的。

切记,万万不可侮辱绑匪,更不可激怒绑匪,你设身处地地分析他冲动的后果并理解他的难处,人心换人心,唤回他的良知,也许他可以悔过,放你一条生路!不到迫不得已时不要与其发生正面冲突,最好能运用智慧,随机应变,以智取胜,化险为夷。

寻机反抗机智脱险

如果自己具备反抗能力或占据了有利时机,有把握战胜歹徒,要坚决与之斗争并注意保护自己。你可以利用身边的砖头、石块、木棒、铁棍等可以自卫的东西进行反抗,最好能打击歹徒的要害部位,做到一击制胜,不要给其留下还手的机会。

反抗时,可大声呼救,一是可以引起周围人的注意,取得援助;二是可以从心理上震慑歹徒,使其放弃继续作恶的行为。《中华人民共和国刑法》明确规定:"对正在进行行凶、杀人、抢劫、强奸、绑架以及其他严重危及人身安全的暴力犯罪,采取防卫行为,造成不法侵害人伤亡的,不属于防卫过当,不负刑事责任。"

自救小窍门

1.装糊涂

如果不幸被绑架,在与绑匪对话时,万万不可打听或说出对方是谁,即使认出对方是谁也不要让他知道,否则,他们有可能杀人灭口。

2.巧暗示

在歹徒要求你和父母通话时,要巧妙向父母暗示绑匪的身份或自己所处的位置,也可趁其不注意时用手机或其他方式发出求救信息或拨打报警电话。

3.记特征

尽量记住绑匪的体貌特征,如年龄、身高、体形、声音、衣着等,要记住他们使用车辆的颜色、大小、型号、车牌号码以及逃跑路线等。

4."制造"证据

要"制造"证据,如在绑匪衣服上擦点泥土、血迹等,在其口袋中装入有标记的小物件,或者在歹徒身上留下抓痕、咬伤或将其衣服扯破留下布块、纽扣等。

5.保留证据

歹徒在自己身上留下的任何痕迹都不要清洗,这是揭露、证实其犯罪行为的有力证据。最后,不论歹徒的企图是否得逞、自己是否受到损害,事后都要立即到公安机关报案。

生命寄语

朋友们,生活中有许多意料之外的危险事件发生,面对不法侵害,拥有自信、判断能力和自制能力,能接受挑战与挫折、不鲁莽行事的健康人格越来越重要。同时,提高自我保护意识、自我防范意识也尤其重要,要尽量做到防患于未然。

关键时刻,一定要想方设法保住生命,设法求救或自救。以人为本,生命至上。尊重生命,敬畏生命。只有活着,才有希望,才能享受家庭幸福和天伦之乐。只有活着,才有可能通过持之以恒的奋斗实现自己的人生理想和家庭经济目标,才有可能在振兴中华的历史洪流中谱写青春乐章,才有可能为祖国繁荣富强开拓奋进、锐意创新,努力创造无愧于时代的精彩人生。

主题 ⓰ 抵制毒品

典型案例

2019年4月2日,一则来自于《钱江晚报》题为"临近高考'聪明药'流行 吃了真能让人聪明?别信!"的报道被人民网、中国网、央广网等各大媒体转载,反响强烈。

家长给孩子喂药,你信不信?目的是为孩子在高考前再加把劲,考上名校。市面上,或者说圈子里大家暗地里叫它"聪明药"。所谓的"聪明药"的药效并不是真的能提高人的智商,只是能在短期内帮助人长时间集中精力从事某件事而不感到累,提高工作效率。家长们不知道的是,这药可能是毒品。

杭州的A女士,她的孩子今年大一。高考前她给孩子服用过"聪明药",而高考后这个孩子出现了问题。高考前两个月,孩子成绩排名明显下降,于是A女士就买了"聪明药"让孩子服用。从网上买到药后,A女士的医生朋友告诫她:"包装盒上没把成分写明白,建议孩子不要吃。"但是A女士觉得,孩子苦读十余年,临近高考,身边那么多人在吃,什么都顾不上了。刚开始让孩子按照一天一颗的剂量吃了一个月,成绩没进步,于是A女士便增加了一倍剂量。孩子自己说上课不像以前那样累了。虽然高考后马上停止了服用,但是孩子出现了精神状态不佳的情况,除了对觅药、买药、服用药物感兴趣外,对其他事情都提不起精神,也就是说孩子出现了"药物成瘾"问题。

在家长、学生圈中暗地里流传的"聪明药",除了保健品类神经兴奋剂,还有"利他林""专注达"等。这类药的主要成分哌醋甲酯,是一种中枢神经系统兴奋剂,可以促进脑内多巴胺和去甲肾上腺素的释放,而这些物质直接与一个人的自控力、注意力有关。临床上主要是精神科用于治疗儿童注意力缺陷综合征。国内的相应药品是缓释片,上午服用后会在一天中缓慢释放药性,药物起效也比较缓和。国外代购的"瑞版"或"巴版"的"利他林",不是缓释片,半衰期短,有的服用者为增加效果,一天内需要反复多次用药,更易成瘾。

案例分析

案例中 A 女士为了让孩子短期内提高成绩,不惜让孩子吸食毒品。无疑,这是一种饮鸩止渴的行为,也变相毁了孩子。特别要引起注意的是,含有哌醋甲酯的药物,早已被国家列入第一类精神药品名单进行严格管理,其作用机制与我们常听的冰毒相似,它们的化学结构、成分都差不多,服用极易成瘾。只不过相比冰毒,"利他林"药效稍微弱一些,但是长时间、大剂量服用就会产生成瘾性。因此,这些药品在没有精神专科医生指导下服用是非常危险的,而且国外代购的一部分走私药还可能有新型毒品成分。

大家都知道,毒品一旦沾染上,是很难戒掉的。即使努力戒掉,也是很容易复吸的。精神药品虽然可以用于精神科病人,但剂量、种类等也是有严格使用限制的。精神药品给正常人滥用,就是毒品。孩子的未来不仅仅只有高考,考上大学,孩子美好的人生才刚刚开始,难道就要因为父母的愚蠢与无知,让孩子成为一名瘾君子?此举始于捷径、终于毁灭,为贪一时之利而毁掉孩子的未来,结果是每一位家长都承受不起的,一定要予以坚决抵制!

生命探讨

习近平总书记指出,毒品是人类社会的公害,是涉及公共安全的重要问题,不仅严重侵害人的身体健康、销蚀人的意志、破坏家庭幸福,而且严重消耗社会财富、毒化社会风气、污染社会环境,同时极易诱发一系列犯罪活动。每一位公民都要响应习近平总书记的号召,把远离毒品当作中华民族伟大复兴的使命担当,坚决打赢新时代抵制毒品的人民战争。

了解毒品

《中华人民共和国刑法》第三百五十七条规定:"毒品是指鸦片、海洛因、甲基苯丙胺(冰毒)、吗啡、大麻、可卡因以及国家规定管制的其他能够使人形成瘾癖的麻醉药品和精神药品。"

从毒品流行的时间顺序来看,可分为传统毒品和新型毒品。传统毒品一般指鸦片、海洛因等流行较早的毒品。新型毒品相对传统毒品而言,从20世纪末、21世纪初开始流行,主要指冰毒、摇头丸、K粉、咖啡因、三唑仑等人工化学合成的致幻剂、兴奋剂类毒品。

无论是林则徐时代的鸦片还是新型毒品摇头丸,人在吸服或注射后,最初都会产生一种欣快感。欣快感是指精神活性物质作用于大脑时吸食者获得的一种精神效应,表现为快活刺激、飘飘然、绝佳心境和美好幻觉。再次获得欣快感的途径只能是继续吸食。另外,毒品还会使吸毒者的身体机能产生一些适应性改变,形成在药物作用下的新的平衡状态。一旦停掉药物,就会出现戒断反应,其生理功能就会发生紊乱,出现一系列严重的不舒适反应,令人异常痛苦。吸毒者为了避免戒断反应,就必须定时吸食毒品,并且不断加大剂量,最终很难离开毒品。

染上毒瘾危害大

毒品进入人体后作用于人的神经系统,一旦形成精神依赖后,吸毒者就会产生渴求用药的强烈欲望,并驱使其不顾一切地继续寻找和吸食毒品。吸毒者即使经过脱毒治疗,在急性期戒断反应基本控制后,要完全康复到原有的生理机能水平,也往往需要数月甚至数年的时间。令人担忧的是,吸毒者对毒品的依赖性一般很难完全根除,这也是许多吸毒者戒毒后毒瘾一而再、再而三复发的原因。一旦吸毒成瘾后,吸毒者每天的生活目标就只有一个:获得毒品。吸毒者为达到目的会不择手段,从而失去了正常人应有的责任与追求、道德与尊严。他们精神空虚,整日沉溺于幻想之中,为了获取购买毒品的资金,甚至不惜铤而走险。同时,由于共用针具注射毒品,吸毒者彼此之间极易传播艾滋病、肝炎等血液传染性疾病。在全国累计报告的14.4万例艾滋病毒感染者中,39.3%是共用针具注射毒品而感染的。

千万不要去尝试吸第一口

"千万不要去尝试吸第一口,因为那第一口,就可能毁了你的家庭和你的一生。"这是许多吸毒者的心声。29岁的王某,是一位名牌大学毕业的白衣天使,她每天接触着大量的戒毒病人,一贯自信好强的她自问:"毒瘾真不可抗拒吗?"于是她试着吸了第一口,从此一发不可收拾。

吸毒者并非都是无恶不作的坏人,他们有的对毒品的本质认识不够,有的是出于好奇,有的是由于无知,有的是低估了毒品的危害,有的是在不知情的情况下被坏人诱害,一旦尝试第一口,就有可能上瘾,成为不能自拔的瘾君子,最终为毒品所吞噬。人们即使在不知情的情况下被坏人引诱、欺骗吸毒一次,也要珍惜自己的生命,不要再吸第二次,更不要去吸第三次。

抵制毒品

据北京某劳教所统计,吸毒的成因大致有4种:38%是好奇,12%是受亲友影响,26%是精神空虚、追逐"时髦",24%是被引诱上钩。那么,青少年如何才能远离毒品、洁身自好呢?

1.增强法律意识,明白吸毒违法、贩毒犯罪的道理。《中华人民共和国刑法》(2011年修订版)第三百四十七条至三百五十七条分别明确规定了容留他人吸毒罪,非法提供麻醉药品、精神药品罪等11项走私、贩卖、运输、制造毒品罪。种植、携带、窝藏毒品以及引诱、教唆、欺骗、强迫他人吸毒都会受到法律的严厉制裁,情节严重的要被判处死刑。切记,贩毒吸毒害人害己!

2.树立积极向上的人生观。不盲目追求享受、寻求刺激、追赶时髦。不盲目攀比、盲目追求时尚。不对任何毒品产生好奇尝试的心理,不去尝试第一口。一旦遇到无法排解的事,首先要设法寻找正确的途径去解决,而不能沉溺其中,自暴自弃,绝不能借毒解闷、借毒消愁。要彻底消除不劳而获的思想,不贪一时之利,不为暴利所诱惑,明白天上不会平白无故掉馅饼。

3.了解一些毒品知识,不滥用含有精神活性药物的药品和保健品。减肥药、兴奋药、镇静药以及某些保健品等精神活性药物对神经系统都有一定的作用。这些药物如果滥用即是毒品；在严格管理条件下合理使用具有临床治疗价值，那就是药品。含有这些成分的药品，如某些止咳露及某些止咳处方药，不可随便当饮料服用。有些孩子就是从服用某些止咳药水开始而陷入毒品陷阱。另外，安定、有机溶剂和鼻吸剂等也对神经系统有刺激作用，千万不可滥用。更不能听信毒品能治病、毒品能解脱烦恼和痛苦、毒品能给人带来快乐等各种骗人的谎话。

4.提高自我保护意识和防范能力。不结交有吸毒、贩毒行为的人。远离吸毒人群，自觉抵御毒品的诱惑。不因为苦闷、好奇、无聊或者图享受、寻刺激而尝试毒品。不因为盲目攀比、赶时髦、求时尚而结交吸毒、贩毒人员。不轻易结交陌生人、相信陌生人，遇到"好事""好心人"要存有戒心，要知道天上是不会掉下馅饼的。不要贪占小便宜，随意接受陌生人提供的香烟、饮料、食物等，避免误食毒品。当前一些不法分子往往采取在香烟、饮料、啤酒中放置冰毒或摇头丸的手段引诱人们上钩。如发现亲朋好友中有吸毒、贩毒行为的人，一要劝阻，二要远离，三要报告公安机关。

5.拒绝去歌舞厅等娱乐场所，也不去治安环境复杂的场所。若确实需要出入娱乐场所，尽量不喝里面提供的饮料。只身在娱乐场所，不随便离开座位；若离开座位时，饮料、食物等曾经离开过自己视线范围内，则不再饮用、食用。进歌舞厅等娱乐场所一定要谨慎，绝不吸食摇头丸、K粉等兴奋剂。不要为他人保管、携带、买卖不明物品。如果帮人携带的物品是毒品，在没有证据的条件下，有可能被认定为贩毒者的同伙。为此，大家一定要谨慎行事,远离一切毒品,以防遭到侵害。

生命寄语

亲爱的朋友们,对毒品千万不能抱着好奇、好玩、侥幸的心理,而应该用科学的态度正确认识它、用坚定的意志对待它!千万不要去尝试吸第一口。为了祖国的明天,为了民族的希望,为了家庭的幸福,为了自身的健康,为了我们的生命能绽放出绚丽的光彩,让我们从现在做起,追求健康文明的生活方式。珍爱生命,抵制毒品!

主题 ⑰ 抵制邪教

典型案例

出生于1972年的王华(化名)是一个质朴的农村妇女,和丈夫刘健(化名)在浙江宁波一个村子里经营着一家五金店。两个女儿十分乖巧懂事。

2017年,经人介绍,王华认识了"全能神"邪教组织成员林某,之后,王华每天都会准时到林某家中参加凌晨4点到6点的邪教聚会,潜心学习研究《话在肉身显现》《跟随羔羊唱新歌》等"全能神"邪教书籍。从2018年开始,为了对抗家人阻拦,王华几次离家出走,甚至跟丈夫提出离婚。同时,王华竟然瞒着家人把16万积蓄全部交给邪教人员搞"投资"!2020年4月26日,丈夫刘健跟着王华一起前往林某家中,极力阻止妻子参与邪教活动。事后林某打电话给王华说:"刘健是撒旦!是魔鬼!想一车子把他(刘健)撞死。"他询问了刘健的上下班时间和路线。林某还怂恿王华给刘健购买意外保险。

事情发展至此,女儿小敏无奈拨通了"110",举报自己的母亲参与邪教活动。2020年5月1日凌晨,警方组织抓捕了林某等几名邪教成员,现场查获了起誓书、邪教书籍等若干邪教资料。2021年1月27日,浙江省象山县人民法院依据《中华人民共和国刑法》第三百条规定,对林某、王华(化名)等人作出有罪判决。

案例分析

案例中的王华善良朴实,在邪教成员的诱导蒙骗下,不听家人劝阻,抛夫弃女,甚至拿出家庭的大额积蓄交给"全能神"组织,更让人不可思议的是竟她要伙同邪教人员谋害自己的丈夫。种种残酷的事实都印证了邪教所具有的反人类本性。邪教人员一般开始时都会通过热心帮忙、花言巧语拉拢新成员,等拉拢成功后就开始大肆宣传邪教"某某神"的至高无上,任何人不能怀疑和违背"神"的旨意;编造歪理邪说毒害信徒心理,致使一些信徒倾家荡产,甚至使他们丧失理智,制造杀人、自杀、自残等极端案件。从搜查到的"全能神"宣传品中,公安机关发现邪教组织鼓动信徒撰写诋毁党和国家的文章,炮制攻击党和国家的视频,妄图对抗政府、谋取政权。《中华人民共和国刑法》第三百条规定:"组织、利用会道门、邪教组织或者利用迷信破坏国家法律、行政法规实施的,处三年以上七年以下有期徒刑,并处罚金;情节特别严重的,处七年以上有期徒刑或者无期徒刑,并处罚金或者没收财产;情节较轻的,处三年以下有期徒刑、拘役、管制或者剥夺政治权利,并处或者单处罚金。""组织、利用会道门、邪教组织或者利用迷信蒙骗他人,致人重伤、死亡的,依照前款的规定处罚。""犯第一款罪又有奸淫妇女、诈骗财物等犯罪行为的,依照数罪并罚的规定处罚。"

作为新时代的公民,要努力破除封建迷信,相信科学真知,多阅读社会正能量的文章,关注社会新闻时事,积极参加社区文体活动,丰富自己的业余生活,遇到邪教分子要远离,不听不信并及时向社区报告,必要时应寻求政府相关部门的帮助。

生命探讨

正确认识邪教

1. 邪教的定义

邪教是指冒用宗教、气功或者其他名义建立,神化首要分子,利用制造、散布歪理邪说等手段蛊惑、蒙骗他人,发展、控制成员,危害社会的非法组织。从社会学角度出发,以"危险性"来界定邪教:一个团体,利用科学、宗教或治病为幌子,掩盖其对信徒的权力、精神控制和盘剥,以最终获取其信徒无条件效忠和服从并使之放弃社会共同价值观(包括伦理、科学、教育等),从而对社会、个人自由、健康、教育和民主体制造成危害,即为邪教。

2. 邪教的基本特征

与宗教相比,邪教大多以拯救人类为幌子散布迷信邪说,都有一个自称超自然力量的教主作为信徒顶礼膜拜的偶像,都是以秘密结社的组织形式控制群众,一般以不择手段地敛取钱财为主要目的。

邪教及其组织一般具有以下几个特征:

①神化其"教主",所有邪教都有一位以"救世主"的面目出现的头目。这个精神领袖往往在世,通常都自封为先知、教主、使者、首领、大师等,自称具有特异功能、神灵感应等超自然能力,无所不知、无所不能。

②组织严密,活动诡秘,拥有一套极权主义结构。"结社"是邪教建立"秘密王国"、扩大邪恶势力的主要手段。邪教的内

部法则高于正常的社会法规,信徒必须遵守会规。

③盘剥信徒钱财,非法牟取暴利。"教主"们往往借口考验信徒们的虔诚,有的要求入会者交纳年收入的3%作为"会费";有的通过举办培训班收取费用;有的出版会刊、教刊等,自己从中盘剥牟利。

④打着宗教的幌子从事扰乱社会秩序、危害公民生命财产等活动。鼓吹"世界末日论",宣扬吃"赐福粮"以及"信主可以免灾,祷告可以治病"等歪理邪说,致使一些群众上当受骗,甚至家破人亡,对社会公共安全和人民的生命财产安全造成威胁。

⑤实施精神控制。邪教"教主"们常常通过所谓的神功异能、精神诱惑、暴力威胁、心理暗示等手段,诱导、胁迫和控制信徒的心理和意识,使他们心甘情愿地接受"教主"的压迫剥削,任其摆布。这正是一切邪教的用心险恶之所在,也是邪教危害酷烈之所在。

⑥大多存在人身侵犯,特别是对女性信徒和儿童。邪教头子奸淫玩弄妇女,严重摧残妇女的身心健康。还利用未成年人识别判断能力较低的弱点,极力在未成年人中发展成员,给他们的身心健康和成长造成难以挽回的伤害。

3.邪教的本质

①反人类。突出表现为:编造歪理邪说,以"人生灾难""人类劫难"摧垮人们的意志;散布"人类罪恶论",妄言地球爆炸、人类毁灭;鼓吹"人生宿命论",主张人们逃避现实、远离社会。而一旦其歪理邪说不能自圆其说,或不能兑现许诺时,往往采取残害其成员生命的方式,制造人间悲剧。

②反科学。突出表现为：宣扬神秘主义、封建迷信、伪科学，束缚人们的思想。

③反社会。突出表现为：对抗与破坏现实社会，大搞教主崇拜。千方百计把邪教组织打造成一个封闭的社会，不准成员与社会正常交往，以建成一个以教主为中心的"天国社会"，让教主为所欲为。

④反政府。突出表现为：散布"政府无用论"和"法律无用论"，否定政府与法律权威，图谋取而代之。

4.当代邪教的发展和类型

在我国，20世纪80年代，邪教势力大多在偏远地区活动；90年代，新生邪教多以中心城市为基地扩张。进入21世纪，当代邪教势力开始出现国际化的趋势。当今在中国，明确认定的邪教组织主要有：法轮功、全能神、呼喊派、徒弟会、全范围教会、灵灵教、新约教会、观音法门、主神教、被立王、同一教、三班仆人派、灵仙真佛宗、天父的儿女、达米宣教会、世界以利亚福音宣教会等。

邪教能蛊惑人心的原因

邪教的信仰是错谬的，那为什么连正常人及原持有正统宗教信仰的人也会被他们所迷惑，从而加入邪教并为邪教服务？事实上，邪教组织往往是让其信徒在不知不觉中接受改造，他们给信徒进行有技巧性的洗脑，使信徒思想完全受到控制，从而达到他们的目的。信徒在被洗脑时感觉不到已经被邪教的思想影响，更意识不到自身的变化。这就是邪教的可怕之处。

1.他们采取的是一种渐进式渗透，注重点滴灌输、潜移默化,针对信徒的心理弱点或某种需求巧妙地加以利用。实际上,邪教组织在争取新信徒的最初阶段,他们往往打着传播宗教、练功强身、诊疗治病、商业经营等各种各样的旗号招募新成员,以特别热情、特别真挚、特别诚实的言行举止骗取人们的信任,吹嘘加入他们的诸多好处,拉拢、诱骗人们入伙。通过超常的关怀和帮助,让这些人达到前所未有的感情亢奋,这时再向他们讲述通达幸福的路径就是加入邪教组织,接受邪教教义,然后便能获得教主的拯救,过上天堂一般的幸福生活。但真实目的却是控制信徒、剥夺信徒、驱使信徒,让信徒永远留在邪教之中,为教主效忠,甚至诱使信徒走向反政府、反社会的立场。那些急于摆脱恐惧和孤独的人就会相信,终于找到了生活的真谛。

2.他们都精心编造一套荒诞离奇的歪理邪说。这些歪理邪说多数冒用"基督教""伊斯兰教"或"佛教"的名义,宣扬"末世论""劫说论""天国说"等,而教主就是救世救民的"神"。充分发挥神佛崇拜对于信徒的心理影响,确立教主在信徒心中的"神位"。通过各种集会和宣传,不断放大加深信徒对教主的崇拜,使得信徒愿意将自己的财产、钱物、妻女甚至自己的生命都交付教主支配。事实上,邪教教主永远都是人,不可能是神及神的化身,目的就是用神权政治来统治和压制其成员。

3.他们通过花言巧语骗人入伙,然后威逼利诱甚至使用监禁、公开暴力和死亡威胁等手段,以防信徒随时逃离邪教组织。信徒往往会被带到一个相对封闭的环境,与外界隔离。有的邪教会让信徒改名换姓,鼓励他们住在大院里,或穿标志性服装,设置卫队、岗楼,断绝信徒与外界往来,禁止教徒阅读教义之外的图书、观看主流媒体的报道。邪教组织内成员能说什么、不能说什么、该说什么、不该说什么、必须讨论什么、禁止讨论什么，都有严格的规定，刻苦学习邪教知识的行为是受到鼓励的，表现好的会得到物质奖励，而进展缓慢或者不服从者会受到严厉的惩罚。对于脱离组织的信徒，则视为叛徒，在邪教内进行公开批评，甚至会派人绑架暗杀，这样就导致了邪教教徒只能唯命是从，对于其教义无论是否理解，都要接受，因为这样才能过安生日子。

如何抵制邪教？

1.要破除迷信，崇尚科学，积极进取，与人和睦相处

不要迷信鬼神，不要迷信奇人，不要迷信传说。人吃五谷杂粮，没有不生病的，生老病死是自然规律。要科学认识自然现象、尊重自然规律，克服恐慌和惧怕心理。邪教往往利用人们对死亡的恐惧、对生命的渴望、对幸福的追求和对美好的向往，编造谎言，以此骗财、骗色，甚至闹出人命。治病强身没有捷径，只能靠科学的治疗、调理和锻炼，千万不要幻想出现奇迹。每个人的一生都会遇到这样那样的坎坷和困难，要以乐观的态度对待生活，以进取的精神对待人生，增强追求美好生活的勇气和信心。夫妻之间、婆媳之间要互敬互爱、相互理解，邻里之间要相互帮助、相互扶持。生活中遇到困难，可以找亲人朋友倾诉，也可以找政府寻求帮助，千万不要为寻求精神寄托而误入邪教泥沼。多看电视、多读书看报，了解形势，增长知识和阅历，不要陷入迷信甚至邪教等不健康的活动中去。世上没有救世主，我们只有通过自己的辛勤劳动和聪明才智才能创造美好生活。

2.要提高警惕,坚决反对邪教,敢于斗争,健康生活

①要提高警惕,对于邪教的反动宣传,态度要坚决,做到不听、不信、不传,不收听、收看邪教组织的电台、电视台播出的节目,不浏览邪教组织的网站、网页。

②要敢于斗争,如发现邪教分子在非法串联、秘密集会、聚众闹事,印刷、偷运、散发、邮寄大量反动宣传品,书写、喷涂、悬挂、张贴邪教内容的反动标语,利用电视节目插播邪教内容等,要立即报告当地政府的有关部门或拨打"110"报警。

③当收到邪教宣传内容的手机短信、微信、电子邮件,要立即将其删除;如接到邪教宣传内容的骚扰电话,要直接挂断;如收到印有邪教宣传内容的人民币,不要继续使用,可到银行进行兑换;如看到印有邪教内容的宣传制品,要立即向政府相关部门举报。

④当发现家人及亲戚朋友误入邪教歧途时,要坚决反对,从关心爱护的角度耐心细致地说服劝阻,或积极请有关部门和社区、村干部进行教育,努力使他们走出邪教;当有人拉拢自己加入邪教时,要坚定立场,决不加入,同时要严厉劝阻并向公安机关报警。

⑤倡导文明健康的生活方式,积极参加健康向上的文体活动,比如跳舞、唱歌、运动、旅行、下棋等,丰富自己的业余生活,构建和谐的文明家庭。

生命寄语

人的生命只有一次,时光不会倒流。生命不仅仅是个人经历,更是一种社会责任。不要让孩子失去父母的陪伴,不要让爱

人孤独终老,不要让老人承受白发人送黑发人的绝望。让我们从血淋淋的事实中得到警示,从荒诞离奇的邪教言论中警醒,崇尚科学,反对邪教,用文明战胜愚昧,用爱和温暖唤醒迷失的心灵,让悲剧不再重演。

主题 ⑱ 拒绝赌博

典型案例

1988年出生的董韦,曾担任湖南省永顺县芙蓉镇易地扶贫搬迁办公室专干。董韦在浏览网页时,看到一个网站赌球的广告。因对体育赛事感兴趣,于是点击进去并注册了账号,玩足球投注,押全场进球数。刚开始他一场押10元,有输有赢,渐渐地,赌注越来越大,上升到了七八万元一次,结果变成了输多赢少。为了将输掉的钱找补回来,越陷越深的董韦打起了公款的主意。2017年9月,董韦负责收取和保管该镇易地搬迁太坪二期搬迁农户缴纳的150余万元自筹资金。他陆续将钱款取出,充值到网络赌博账户。2019年5月,董韦受到开除党籍、开除公职处分,其涉嫌犯罪问题移送检察机关依法审查起诉。

案例分析

通过案例,我们看到,董韦被"爱好"或不良嗜好诱发的腐败问题,教训十分深刻。年轻人作为伴随互联网成长起来的一代,有些人经受考验少、意志力薄弱,往往经不住诱惑,为了所谓"兴趣",不惜铤而走险、违法乱纪,虽容易接受新生事物,但也更易受到网上不良文化的影响。1988年出生的董韦,可谓风华正茂、事业有成,但是这么有前途的干部,却一步错、步步错,踏入了网络赌博的火坑,因赌瘾过大,为偿还赌债而挪用公款,严重损害了群众利益,违反了法律法规和公职人员相关纪律要求,受到了应有的处罚,实为玩物丧志,深感惋惜。

生命探讨

赌博属于违法行为,是我们国家法律严厉禁止的。《治安管理处罚法》第七十条:以营利为目的,为赌博提供条件的,或者参与赌博赌资较大的,处五日以下拘留或者五百元以下罚款;情节严重的,处十日以上十五日以下拘留,并处五百元以上三千元以下罚款。《刑法》第三百零三条:以营利为目的,聚众赌博或者以赌博为业的,处三年以下有期徒刑、拘役或者管制,并处罚金。开设赌场的,处五年以下有期徒刑、拘役或者管制,并处罚金;情节严重的,处五年以上十年以下有期徒刑,并处罚金。

赌博及赌博罪

1.赌博。赌博即是用斗牌、掷色子等形式,用财物(有价值的东西)作注以一定方式争输赢的一种游戏。我国公安部根据其行为目的的不同以及参与成员之间是否有范围限制,把赌博区分为两种:第一种是以休闲消遣和娱乐为目的,多发生在家庭成员、亲朋好友之间的普通赌博,只是为了打发无聊、消遣娱乐、联络感情而进行的,不构成赌博犯罪;第二种是以营利为目的,成员之间不受家庭成员、亲朋好友范围的限制,而进行的聚众赌博、开设赌场或者以赌博为业的行为,属于违法行为;情节严重的,还要追究其刑事责任。本文所说的赌博就是指第二种。

2.赌博罪。赌博犯罪,是指以营利为目的,聚众赌博、开设赌场或者以赌博为业的行为。这里所说的"以营利为目的",是指行为人实施的聚众赌博、开设赌场或者以赌博为业的行为,是出于获取金钱和财物的目的,一般表现为以钱财作赌注,而不是为了消遣、娱乐。

本罪规定"以营利为目的",并非要求行为人一定要实际赢得钱财,只要是主观上有获取钱财的目的,即使事实上没有赢得钱财甚至输钱赔本,也不影响本罪的成立。所谓"聚众赌博",是指为赌博提供赌场、赌具,组织、招引他人参加赌博,本人从中抽头渔利的行为。聚众赌博,行为人本人不一定参加赌博。所谓"开设赌场",是指以营利为目的,营业性地为赌博提供场所,设定赌博方式,提供赌具、筹码、资金等,组织赌博的行为。所谓"以赌博为业",是指以赌博为常业,即以赌博所得为生活或者挥霍的主要来源的行为。本条犯罪,只要以营利为目的,实施"聚众赌博""开设赌场"或者"以赌博为业"的其中一种行为,即可构成犯罪。

赌博的危害

对于赌博的危害,一些人认识不足,认为赌博只是一种娱乐而已,可以享受其中的乐趣而不会导致什么问题。殊不知一旦赌博,输掉的不只是人生,还会给个人、家庭、社会都造成非常严重的危害。

1.赌博易使人产生贪欲。赌博平台通常是利用人一夜暴富的心理,给你一种你会是最幸运的、最好的、最有机会被挑中的那个人的感觉:一次赌赢了会觉得那是一个开端,还有更好的等着我;当赌输了的时候,却往往不能面对自己糟糕的状态,认为重新回到原点就会燃起希望,一次次输会一次次更加激发重新回到原点的欲望,觉得命运可以神奇般地出现翻天覆地的转机。

这类人往往生活在幻想之中,不能面对生活的真相,赌博往往越来越成瘾。久而久之,会使他们的人生观、价值观发生扭曲,沦为金钱的奴隶。

2.赌博严重损坏身体。迷恋于打牌赌钱的人,会想方设法凑齐牌友,一赌就没完,赢者还想赢,输家不服输,不思学习,不思工作,有学不上,有工不做。有的人白天晚上"连轴转",高度兴奋,极度紧张,赢了,在大脑皮层受到刺激,产生平时没有的兴奋点,持续的这种兴奋会让玩家产生某种幻觉,觉得自己是赌神,觉得自己无所不能。赌博过程会让人产生无比的专注度,输一段时间后,一把捞回的刺激更是让人亢奋。大家经常可以听说或看到某个人赌博可以几天几夜不睡觉的例子。这种亢奋让人忘掉饥饿、困累,把人的一些潜能在这里发挥出来,表面上像铁人一般,其实是在严重透支着自己的身体。

3.赌博能让人迷失心智。赌博原本就是人们好逸恶劳的体现。玩家希望用歪门邪道去获得最大利益,产生好逸恶劳、尔虞我诈、投机侥幸等不良的心理品质,偏离了脚踏实地、一步一个脚印的道路。严重影响学业、影响工作,学生者厌学、工作者误班。大量事实表明,群众特别是党政干部赌博,坏党风、失民心、丧失共产主义信念、损害党的威信、贻误党的事业。久而久之,其理想和抱负都将被忘到九霄云外,绝大部分人输光了所有都还难以醒悟,迷失心智,不思进取,自甘堕落。

4.赌博会导致家破人亡。赌徒在沉迷于赌博中时,不希望有任何事情来打扰自己,可以忘掉吃、喝、睡眠、亲人,把自己所有的精力都投入其中,把世间所有一切都抛之脑后。人一旦染上赌博就很难戒掉,久而久之,父母、子女、夫妻之间的责任和义务都会逐渐被淡漠。赌者夜不归宿,耗费钱财,变卖家产,不给家里作贡献,一味地向家里索取,索取得越多,矛盾越深,夫妻吵嘴打架,儿女反目成仇,家庭氛围紧张。赌者与不赌者互相没了亲情,感觉不到家里的温馨和快乐,不赌者看不到家的希望与发展,赌者从家里索取不到想要的财和物,矛盾更加激化,斗争更加激烈,甚至会付出生命的代价,妻离子散,家破人亡。

5.赌博会引发其他犯罪行为。实践证明,赌博十赌九输,赌赢的概率很小,偶尔赢上一次,往往就会使赌者心存侥幸,产生求赢的欲望,导致一赌再赌,赌不可收,最终的结果是债台高筑,输得倾家荡产。此时,有的赌者会意志消沉,失去积极生活的动力,沾上吸烟、吸毒、酗酒等恶习;有的赌者,总想从失败中"崛起",为了筹到赌资,不择手段,铤而走险,实施诈骗、抢劫、盗窃、贪污、挪用公款等各种违法犯罪行为,从而走向犯罪道路;更为严重者,心理扭曲,身陷绝望,报复社会,走向绝路。所以,犯罪学家常常把赌博认作是违法犯罪的一个重要诱因。

预防抵制赌博

赌博由来已久,害人不浅,然而它却迎合了一部分人投机和侥幸取胜的心理,在历史上屡禁不止。随着时代的发展,赌博已慢慢从线下变成线上,"网络赌博"足不出户,嗜赌之人便可以随时随地参与或组织赌博活动。当前,跨境赌博活动也非常活跃,网络通信技术和支付结算方式的发展,呈现出涉赌形式多样、手段不断翻新的态势,所以我们一定要预防并抵制赌博。

1.筑牢思想防线。多参加一些积极向上、健康有益的文体活动,与正能量的朋友多沟通。对一些所谓的搓搓麻将、打打扑克、上网游戏等活动,思想上一定要保持警惕,分清娱乐和赌博的界限。大凡赌徒一开始都是以"放松放松"为借口,久而久之,胆子也壮了,胃口也大了,逐步升级,陷入赌博的泥潭。所以对聚在一起以营利为目的的赌博活动,一定不要参与,即使是朋友的邀请,也要设法推脱,树立起"千里之堤,毁于蚁穴"这个理念,防微杜渐。

2.戒尝试、贪婪、侥幸心理。当不小心已进入赌博场所,一定要戒尝试、贪婪、侥幸心理。赌博本身到最后就是输,赌的根本就是赌人心、赌贪婪、赌想不劳而获、赌虚荣等等这些作祟心理。这些心理犹如恶魔一样,"魔力"的爆发性超级强悍,自己要是克制不了就会反被它控制。但凡成为赌徒,往往就是存在试试看、赚大钱、赚快钱,只想赢、不想输的心理。每当遇到所谓的机会或身处赌博风气浓厚的环境,一定要把它当做洪水猛兽,看透赌博的本质,充分认识赌博的危害,远离赌博。

3.崇尚文明,告别陋习。赌博这种陋习从古代流传至今,是家庭、社会的毒瘤,它的危害人所共知,但难以消除。随着人类社会的进步,各种文明、健康的活动都能愉悦身心,许多劳动方式都能获得合法收入。爱好赌博者或已成为赌徒者,一定要树立正确的人生价值取向,提高个人修养,悬崖勒马,积极主动融入文明社会,从文明活动中汲取精神营养,获得满足感,通过合法途径增加个人或家庭收入。家庭和社会,要主动伸出援手,对爱赌、嗜赌者给予帮扶,通过宣传、教育、管理等形式,引导他们崇尚文明,与陋习告别,向赌博说"不"。

生命寄语

天下之倾家者,莫过于赌;天下之败德者,莫过于赌。远离赌博,杜绝赌博,珍爱家庭,热爱生活。赌博是一个陷阱,久赌神仙输,不赌方为赢。赌博危害大,一赌毁终生。我们每个人都要深刻汲取赌博危害的教训,本着对个人负责、对家庭负责的态度,从我做起,严格自律,与陋习告别,崇尚健康文明的生活。

主题 ⑲ 遏制非法传销

典型案例

2019年7月,经过熟人推荐,潘某某使用本人的手机号在"未来集市"小程序APP注册账号,并在该平台购买了一个399元大礼包,成为"未来集市"的VIP店主,潘某某取得推荐其他人员加入的资格后,将自己的丈夫梁某发展成为下线加入"未来集市"购物平台。梁某加入后,利用"未来集市"运作模式先后发展了谭某、林某等人为VIP店主。夫妻俩直接或间接陆续发展238个下线成为集市掌柜(店主)。潘某某等人在"未来集市"平台每发展一名下线人员可获得100元至200元不等直接提成,还可获得团队内所有下线人员收益20%的间接提成。潘某某等人的行为构成《中华人民共和国禁止传销条例》第二十四条第二款规定所指的"介绍他人参加传销"行为,被责令立即停止传销行为,并分别罚款10万元。

案例分析

在这一传销案例中,潘某某等人参加的网络交易经营,不是以销售商品为目的,而是以推荐他人认购大礼包成为店主为门槛,以下线的销售业绩为依据计算并给付上线报酬,等同变相交纳入门费,靠发展下线盈利。该运作模式符合《中华人民共和国禁止传销条例》第二章第七条规定的传销行为特征。《中华人民共和国禁止传销条例》第二十四条规定:有本条例第七条规定的行为,介绍、诱骗、胁迫他人参加传销的,由工商行政管理部门责令停止违法行为,没收非法财物,没收违法所得,处 10 万元以上 50 万元以下的罚款。事发后,潘某某等人被相关部门依法处罚。朋友们面对"未来集市"之类的新型购物平台、融资平台时,要睁大眼睛,谨慎加入。避免因一时之利诱惑,跌入传销陷阱。

生命探讨

说到让人谈之色变的传销,不少人的认识还停留在生怕自己被骗进去出不来的阶段,然而就算主观上知道不该加入,生活中还是有不少人在不知不觉中深陷其中。

传销的界定

《中华人民共和国禁止传销条例》第二章第七条规定下列行为属于传销行为:

1.组织者或者经营者通过发展人员,要求被发展人员发展其他人员加入,对发展的人员以其直接或者间接滚动发展的人员数量为依据计算和给付报酬(包括物质奖励和其他经济利益,下同),牟取非法利益的。

2.组织者或者经营者通过发展人员,要求被发展人员交纳费用或者以认购商品等方式变相交纳费用,取得加入或者发展其他人员加入的资格,牟取非法利益的。

3.组织者或者经营者通过发展人员,要求被发展人员发展其他人员加入,形成上下线关系,并以下线的销售业绩为依据计算和给付上线报酬,牟取非法利益的。

传销的主要模式

传销的主要模式包括精神控制和平台返利两种。

1. 精神控制

最初的传销模式听起来很可怕,被各种噱头骗去然后失去人身自由,被迫叫家人寄钱参与。后来发展到各种花样邀约前去,吃喝玩招待,以资本运作、连锁销售等为旗号,有计划有预谋地用家庭温暖、团队创业、先苦后甜等花言巧语进行高强度"洗脑",全面营造"传销致富"的氛围,用"几何倍增式"高额回报的诱惑从精神上控制你,直到你成为新的传销人员。

2. 平台返利

随着社会发展的不断进步,传销模式也越来越现代化。一些传销组织开始打着网络新概念和新型营销方式的旗号,采取虚假、夸大宣传的方式,用潜在的高额回报诱惑大家参加,蒙蔽性、欺骗性极强,很不容易分辨。或许你只是购买了一个产品,或许你只是介绍亲朋加入了一个购物平台,其结果可能陷入传销泥潭,带来经济损失,甚至触犯法律。老李经人介绍在某平台购买返利产品,虽然价格高出市场价格很多,但是承诺全额返现,老李初步尝试选择购买了一个热水壶,半月后真的全额返现。于是老李开始购买手机、家电之类的大件。老李觉得这是个好事并且介绍他人购买,自己也能够获得提成,之后逢人便介绍这个平台有多好,可以赚钱。一个多月后,老李购买的产品越来越多,也介绍了很多个人参与,但突然发现平台不返利了,经查询发现这个公司已经关闭,老李损失惨重。

传销的危害

传销是社会的毒瘤,更是一场人性深处的灾难。

参与传销的人最初是为了追求那难以实现的暴富梦想,很多人宁愿拿出仅有的积蓄,甚至举家借贷。其实传销只是一场造梦的自我催眠,最终可能让传销人员倾家荡产,引起夫妻反目、父子成仇,成为"传销难民"。有的流落异地,生活悲惨,甚至跳楼轻生,有的参与偷盗、抢劫、械斗、强奸、卖淫、聚众闹事等违法行为,给人民生命财产安全和社会稳定造成严重侵害。

传销涉及地区广、人员多、资金大,有的还伴有非法集资、制售假冒伪劣商品、偷税漏税、侵害消费者权益等大量违法行为,诱骗了大量社会人力资源,吸纳了大量社会资金,破坏了市场经济的健康和谐发展。

如何预防传销?警惕每一个不寻常

1.增强法律意识,明白传销违法、组织传销犯罪的道理

《刑法》第二百二十四条之一:组织、领导以推销商品、提供服务等经营活动为名,要求参加者以缴纳费用或者购买商品、服务等方式获得加入资格,并按照一定顺序组成层级,直接或者间接以发展人员的数量作为计酬或者返利依据,引诱、胁迫参加者继续发展他人参加,骗取财物,扰乱经济社会秩序的传销活动的,处五年以下有期徒刑或者拘役,并处罚金;情节严重的,处五年以上有期徒刑,并处罚金。

《最高法、最高检、公安部关于办理组织领导传销活动刑事案件适用法律若干问题的意见》第四条规定:对符合本意见第一条

第一款规定的传销组织的组织者、领导者,具有下列情形之一的,应当认定为《刑法》第二百二十四条之一规定的"情节严重":

①组织、领导的参与传销活动人员累计达一百二十人以上的;

②直接或者间接收取参与传销活动人员缴纳的传销资金数额累计达二百五十万元以上的;

③曾因组织、领导传销活动受过刑事处罚,或者一年以内因组织、领导传销活动受过行政处罚,又直接或者间接发展参与传销活动人员累计达六十人以上的;

④造成参与传销活动人员精神失常、自杀等严重后果的;

⑤造成其他严重后果或者恶劣社会影响的。

2.了解传销的本质,树立劳动致富,摒弃不劳而获的投机致富思想

简单说,传销的本质是"庞氏骗局",即以后来者的钱发前面人的收益。传销的三个特征就是交会员费、拉人头、组成层级计酬。遇到事情从这三个特征排除,对号入座,若有这些特征请拒绝参与。

心态一定要平稳,人有发财梦不是错,但不要总梦想一夜暴富,否则,在这种浮躁的心态下,面对花言巧语的传销者,心理防线不堪一击,很容易上当。天下从来就没有不劳而获的事情,每一个成功创业的人都是兢兢业业、踏踏实实从小事做起的。我们一定要直观地面对自己的能力,少些幻想,多做点实实在在的事情,工作本没有什么高低贵贱。

3.警惕亲友介绍,提高自身辨识和防范传销的能力

很多人陷入传销,是源于同学、朋友、亲戚、旧同事、老乡和

亲人等介绍工作。在毕业和失业压力下,很多人都急于找到一份新工作,对于好工作更是求之不得;也有的人是希望往高处走,很不满于现在的工作,时刻准备着高就。在这些心态下,面对传销者天花乱坠的描述,再加上传销者跟自己的情谊关系,很多人就彻底失去防范了。因此,亲友介绍的投资发财机会,一定要慎之又慎,不可轻信。如果有一天亲友热情而有分寸地邀请你到外地考察、旅游、帮忙、聚会,给你买票、承包费用,邀请你去外地与之合作经营一个赚钱项目,企业要求你到外地进行面试,网友邀请你到外地去见面,有人积极给你介绍外地工作,等等,请你一定不要急于回答对方,要沉住气,核实公司的情况和亲友跟该公司的关系,网上查询、114查询、工商注册查询、托人查询等,都能查到一些蛛丝马迹。不要随便去异地面试,不要轻信网上面试,要注意亲友的公司和工作照片造假(PS合成),要自己悄悄去或是托人去考察亲友介绍的公司。

做投资要踏实,绝大多数人都无法做暴利的生意,真要有暴利的生意,谁都会闷声发大财,不会告诉你。只有保持理性的投资心理,才能冷静判断传销骗局。

4.远离传销人员,冷静面对,积极寻求脱离传销控制的办法

如果发觉亲朋好友等陷入传销,可以善意劝告他们。亲友口中的"小恩小惠"一定要果断拒绝,不要被对方以任何借口缠上,并声明自己的观念和立场,一定要严辞拒绝,不可留有余地,不然对方还会死缠烂打。如果亲友不慎落入传销组织,尽量不要单独去营救,最好求助公安机关等执法部门和反传销专业人士。如果自己陷入传销组织,保持冷静,不要急躁,要假装自己已经上当受骗,趁他们松懈,想办法离开传销组织。记住一个原

则：保护自己不受伤害，向外界求救，可以在钱币或者纸条上写上求助信息，扔向窗外，或许有好心人捡到报警或者联系你的家人前来救你。如果遇到有人跟踪时，可以向路人求助，或者见到当地执法单位如派出所、工商局、检察院等，立刻进门寻求帮助。充分开动脑筋，与传销人员周旋，尽快离开，不要相信他们的谎言，以免被洗脑。

生命寄语

亲爱的朋友们，致富是我们的梦想，想要过上富足的生活并且为之努力奋斗是非常正确的，但是要彻底摒弃天上掉馅饼、幸福会自己降临的幻想。一夜暴富基本是不可能的，成功没有捷径可走。要树立正确的世界观、人生观和价值观，树立正确的金钱观，培养理性的投资理财意识，一定要明白，想实现人生价值，必须依靠自己的辛勤劳动和不懈努力，任何邪门歪道都是不可取的，否则，只会使自己陷入困境。

主题 ⑳ 提防金融陷阱

典型案例

2020年年底,成都一家开了六年的健身会所奥维斯,一夜之间锁门"跑路",而在此前的十几天,健身会所刚刚举办了"双十二"大型营销活动,"吸资"超百万元。门店突然关闭,会员黄先生还有几十节私教课未上,加上办的年卡,损失费用近两万元。一位不愿透露姓名的女性消费者表示,由于"双十二"健身房优惠力度大,她一口气充了4万元,加上没上完的课,账户内还剩6万余元。据会所教练介绍,关门前两个月会所就已经拖欠工资了。目前,健身会所仍处于关闭状态,消费者的课程充值会费尚未退还,员工的工资处于拖欠状态。

案例分析

案例中健身会所由于经营不善,拖欠员工工资,与其他企业存在债务纠纷。在这样的情况下,却大搞促销——买课送课,之前一年卡的价格可以买一年半卡,其中"双十一"卖了50多万元,"双十二"卖了100多万元,之后关门"跑路",导致消费者遭受严重损失。会所"跑路"后,会员们以诈骗罪向属地黄瓦街派出所报案并向法院提起诉讼。该会所所属公司法人被法院下达限制消费令。

在日常生活中,类似案例中健身会所的情况普遍存在。理发店、早教班、校外辅导机构等都会通过充值优惠来招募拉拢新老会员,一夜间卷款潜逃的行为也时有发生。对于消费者而言,一定要理性消费,在进行预付式消费时,不要大量充值,最好先查询该商家是否已在商务部门备过案,了解商家的经营、资信状况、存管保证金、合规性等相关事宜。职能部门也应在事前积极作为,加强监管。

生命探讨

了解金融陷阱

金融陷阱有哪些呢?让我们一起来看看平时生活中可能会遇到的一些骗局。

1.银行类骗局。银行是我们日常生活中最熟悉的金融机构,但即使是被看作安全系数极高的银行理财,也存在不少骗局。第一种是假银行。近几年来商业银行、外资银行,还有新成立的民营银行越来越多,一些假银行就有了浑水摸鱼的机会。从建筑外部的银行门面,到内部的LED显示屏、叫号机,甚至柜面上穿着"制服"处理业务的"银行职员"……假银行和国有银行一模一样,让人们防不胜防,一旦出现问题,存款便会消失。第二种是高额贴息存款。简单来讲,一般都是银行内鬼伙同外人操作。当你去银行理财的时候觉得收益太低,这帮人就会告诉你现在有一款高息产品。他们还会很神秘地要求你不能告诉其他人甚至是家人,也不能开通"查询"等功能,还要你签下保证书。看上去,好像自己中彩票一样捡了大便宜,这样的好事确实不能泄露,而且各方面包装得和办理银行理财一样。然而,等你觉得到期了要取出这笔钱的时候,这些钱就不见了。第三种是银行理财"飞单",即银行员工被投资公司的高佣金所吸引,私自与其他投资公司"勾结",以银行的名义出售投资公司的理财产品,并过分夸大收益,对客户加以蒙骗,导致投资者上当。"飞单"其实并不是本银行的理财产品,很有可能是高风险的基金甚至是私募产品。没出事的时候自然皆大欢喜,但是一旦出事,这种情况,银行是不会赔你钱的。

2.股票、现货、黄金、贵金属等投资类骗局。近年来,股民人数越来越多,绝大多数都是被股票开启了贪婪的欲望,却没有匹配赚钱的能力,于是圈子里面盛产各种培训、秘籍、大师,专门收割股民,而且引流到原油、外汇、"庞氏骗局"等等。一般都是"美女"主动加你微信,看头像都还长得不错。比较含蓄的模式是美女搭讪闲聊一段时间,然后说自己最近认识了一个大师赚了不少钱,因为和你投缘故而推荐给你,或者朋友圈有意无意晒一下自己赚了多少钱,勾引你问她。可能起初你并不会相信她所谓的荐股,但只要你点开收到的信息,查看推荐的股票之后,就会发现其中有几支竟然真的涨了。是不是确实有什么门道?动摇之后,只要跑去问一问,就陷入了其所设圈套的第一步。现代美女的套路效果不好,又改精英套路,随便找个人包装成很牛逼的"炒股大师",每天朋友圈晒一大堆高端、赚钱的操作,吸引你主动去咨询。无论美女还是精英,最后都是两个方向,一是利用概率,每天选取多支不同的股票分别推荐给数目众多的股民,有邮件的、有短信的、有群里推荐的。第一天推荐错误的就淘汰,第二天推荐错误的再淘汰,以此类推,到了第五天,就发现连续一周交易日全都对了,绝对股神,然后中招。二是引流推荐其他骗局。要么是老师、要么是社群,一开始都是讲技术、谈个股,看上去都很正确、非常牛逼，再配合一些传奇故事、公益事业、生活家庭，弄得满群都是正能量。但是胡乱进行个股推荐总有失败的，这时候就顺坡下驴说 A 股市场不好、监管不好、公司不好，赚钱太慢。立刻有托儿配合问老师最近有什么赚钱的项目，然后老师几次推辞，最终在大家的强烈要求下贴出来最近的巨额盈利产品，不是原油期货、黄金外汇，就是邮币卡、字画收藏品。此时"大师"就会要求大家开户，根据资金量还要分级。刚开始都能小赚，但只要你投入资金量一大就是大跌。如果是群，一个群看上去几百人，活跃的几十个，其实全是托儿，就你一个是"客户"。

3.电话、电信、微信方式诈骗。手机或微信平台上会收到"一部手机一个微信轻松月入 25 万元""投资 3 万两年后收入 1000 万""边旅游边赚钱""0 元购物还赚钱"等等信息。手法就是通过发展下线、拉人入会交费、病毒式传播进行诈骗。据调查，近 90%的受访者表示是通过电话或短信方式接触到金融诈骗，有 56.9%的受访者则是通过微信、微博等社交媒体平台收到诈骗信息。近几年，短视频、直播等娱乐方式广受欢迎，有 13.86%的受访者表示，是通过短视频直播平台接收到诈骗信息的。

4.网络贷款。近年来，消费贷、现金贷、校园贷、培训贷、医美贷……各种号称零抵押、低息、无须个人征信的小额贷层出不穷，名称各不相同，但本质上都是高息贷款，甚至有些贷款实际利率超过 70%，一旦借贷人无法按时归还，就会面临各种暴力催收的威胁，甚至祸及家人、危害生命。这些贷款平台号称只需提供身份证以及本人照片，放贷很快，但是手续费、征信费、认证费等各种名目的费用也会在放贷时克扣掉很大一部分资金,到手的资金少得可怜,还款时利息与本金却已经变成了一笔巨款,这其实是变相高利贷。更可怕的是很多人被诱惑,甚至不怎么看协议或者不仔细研究协议条款就签字了,受害后无法寻求法律保护。骗子往往会仿造正规贷款平台建立一个虚假的平台,通过社交媒体散播可以贷款的消息,诱骗大家上钩。尤其自身信用不佳、申请贷款总是被拒的人容易被盯上,有人会告诉你,可以通过特殊渠道强开额度,并且是不低的额度,但是你得缴纳风险费、手续费、中介费等等不算很少的一些费用。当你提供资料、缴纳费用后,他们就人间蒸发,从而骗取钱财。有的还会将你的个人信息转卖出去谋取利益。

除上所述,还有多种形式的金融陷阱应当引起大家防范,比如,朋友圈里各种微商招代理、招分销等小广告泛滥,其实都是在拉人入伙,发展下线,层层盘剥;以投资养老公寓、异地联合安养为名,以高额回报、提供养老服务为诱饵,引诱老年群众"加盟投资",或通过举办所谓的养生讲座、免费体检、免费旅游、发放小礼品等方式,引诱老年群众投入资金;以慈善之名,以高收益为诱饵,通过网络虚假宣传拉会员入会捐款,实为非法敛财;还有近两年来,随着比特币、区块链等概念风靡,各种"数字币"打着新科技、新概念的名号,忽悠无知群众,吸粉敛财;等等。

金融陷阱危害大

金融陷阱不仅危害了人民群众的财产安全,而且严重破坏了金融市场的正常秩序,阻碍了社会经济的健康发展。

如何识别和防范金融陷阱呢？

1.首先要认识到高收益背后往往是高风险，不要盲目追求高收益。因此大家如果看到一款产品的收益率远高于正常水平就一定要注意了，背后大多有猫腻。一旦平台"跑路"，投资者将血本无归。所有包赚不赔的炒股、炒黄金软件都不要碰，这类软件通常通过所谓的"专业"及虚假夸大宣传来引起投资者注意，并且承诺高额投资收益，还虚构一些成功案例现身说法。股票、基金、黄金投资市场都会有风险，不可能包赚不赔，一定要通过正规途径投资。

2.所有贴息存款都是违法的，千万别碰。一般情况下，储户在资金掮客的建议下到某银行网点存款，除了公开的利息，银行还要多给储户一部分利息，这就是所谓的"贴息"。贴息高利率的条件是在这一年之中不允许提取、查账，不给开网银、短信通知等。事实上早在2014年9月，银监会就曾明令禁止贴息存款。不管是阳光贴息还是非阳光贴息，都是违法的。

3.去银行存款或买理财产品，不要被忽悠买成保险。过去几年来有关存款变保险、理财变保险的案例时有发生。明明办的是存款，买的是银行理财，最终却变成了保险理财。银行工作人员之所以积极忽悠你去买保险是有原因的，那是因为保险公司都会给银行高额的提成。不过对于银行客户来说却没什么好处，保险理财的投资期限往往比较长，如果提前赎回将要付出很高的手续费。很多买过保险理财的投资者要赎回资金的时候要倒贴钱，所以不要被银行员工忽悠了。

4.陌生短信不要回，陌生链接不要点击。陌生短信大多是各类商家短信或诈骗短信,其中通知收信人中奖及积分兑换的占到很大比例,此类信息全是假的。即使你看到是银行官方号码发来的也不要相信,犯罪分子很容易更改短信显示号码,短信中的链接就更不要点了,一旦点进去你的信息很有可能就泄露了。此外,如果不慎点进去,也千万不要按照要求输入账号、密码及短信验证码。有人跟你借钱一定要电话核实。如果有朋友通过微信或QQ跟你借钱,不要直接就把钱打过去,因为朋友的账号有可能被盗了。这时候一定要拨打朋友的电话确认,如果朋友说不方便接听,那十有八九就是诈骗了,要及时通知朋友账号被盗,避免让其他人上当受骗。

5.商场或饭店刷卡一定要亲自刷,输密码时用手遮住,不要把密码告诉服务人员让其代刷。代刷有可能导致银行卡被他人伪造或复制,如果犯罪分子获取了密码,盗取卡中的钱轻而易举。此外,一般来说磁条卡更容易被复制,如果大家手中还有磁条卡,要尽早去银行更换成芯片卡。

6.短信验证码比密码更重要,对任何人都不能泄露。我们在网上支付的时候,一般都需要进行短信验证,千万不要忽视了短信验证码的重要性,实际上它比支付密码都要重要。现在犯罪分子手段都很高超,可以用各种手段获取银行卡或网络支付密码,却唯独对这短信验证码无可奈何,除非连手机都盗过来。所以,一定要对短信验证码引起足够的重视,不要透露给任何人,即使是你的朋友也要小心。还有,不要所有的账户都用一个密码,一旦其中一个账号遭受攻击泄露了用户信息,所有账号都将处于危险之中。

7.手机里千万别存身份证照片。如果你的手机不慎丢失并且里面存有身份证照片那麻烦就大了,通过身份证号码及手机短信验证码完全可以将你的各类账户密码重置,账户中的钱被盗走是分分钟的事。此外,身份证复印件一定要注明用途,否则落到不法分子的手中也会非常危险。

8."低利息,高额度,快速到账""无须任何抵押,超低利息,贷前交费,只要身份证,无须见面传真合同"等的贷款信息千万别轻信。确需申请贷款时,要尽量通过银行等国家正规金融机构申请贷款,务必认真阅读合约条款,尤其涉及费用如违约金、利息、逾期费率计算等,不要认为看这些麻烦,马上就签字,要在了解完产品的相关收费标准等情况下,理性选择。

生命寄语

亲爱的朋友们,我们要多读书、看报、听新闻,学习关注正规的金融知识,提高防范金融风险的意识和能力。世界上没有免费的午餐,免费的早餐、晚餐也没有,高风险与高收益同在;要树立正确的消费观,不攀比、不虚荣,量力而行,理性消费。如有资金需求,要到正规的金融机构办理贷款业务,如遇到金融诈骗遭受损失时要及时报警,寻求相关部门的帮助,通过正规合法途径和渠道降低损失。

第三篇 生命安全篇

主题 ㉑ 防治传染病

典型案例

2017年5月6日,住在上海闵行江川路某小区、38岁的姚某某在自家门口躺椅上休息时,被小区内看似正常的宠物犬咬伤左手手背,轻度咬伤,未出血。当日姚某某自己进行了伤口清洗及消毒,后续未作其他处理,发病前也未接种狂犬病疫苗。7月12日晚,姚某某出现精神亢奋、吞咽困难、怕风、怕光、怕水、烦躁、易怒、胸部压迫感等狂犬病症状,并有伤人倾向。后虽经抢救,仍于7月18日凌晨死亡。

案例分析

狂犬病是由单链RNA狂犬病病毒所致的急性传染病,主要由犬类传播。狂犬病毒一旦进入人体后先侵染肌细胞,在肌细胞内少量繁殖后侵染附近的末梢神经,然后病毒沿神经进入脊髓,进而入脑导致出现病症。截至目前,世界上还没有能够改变狂犬病患者死亡结局的治疗手段,一旦出现症状,死亡率几乎100%。

如今,饲养宠物是很多社区居民的爱好,但是,饲养时一定要遵守有关法律、尊重社会公德、不得妨害他人生活。现实中,有些养狗人士只注重对养狗过程的"享受",不注意日常豢养的科学管理,不及时为宠物狗进行健康检查和注射狂犬疫苗,甚至遛狗不牵绳、不戴笼嘴,这类不文明饲养的宠物狗再加上一些被人遗弃或丢失的"流浪狗",导致居民或行人被狗抓伤、咬伤现象时有发生。狗携带的狂犬病毒往往成为危害居民身体健康的"杀手"。如果社区居民不随意丢弃狗,给狗及时注射疫苗,遛狗时全过程给狗系绳、戴笼嘴,狗伤人导致狂犬病的事件就会减少甚至不会发生。如果案例中的姚某某被狗抓伤后,自己能够马上用肥皂水和流动清水反复清洗伤口,用碘酒之类的消毒液对伤口进行清创消毒并迅速去正规的医院或防疫站点注射狂犬疫苗,必要时再注射免疫球蛋白或抗狂犬病血清,也许就不会因狂犬病失去生命。

生命探讨

传染病对患者的危害,轻者引起不适,严重者引起肝、肾、脑、心、肺、血液等器官、组织的功能障碍,甚至危及生命。据国家卫健委2020年(2020年1月1日0时至12月31日24时)数据,全国(不含香港、澳门特别行政区和台湾地区)共报告法定传染病5806728例,死亡26374人,报告发病率为413.63/10万,报告死亡率为1.88/10万。

传染病的基本知识

了解掌握传染病的概念、种类及流行的基本环节,对科学有效防治传染病,具有非常重要的作用。

1.概念

传染病是指由各种病原体(细菌、病毒、真菌、寄生虫等)引起的能在人与人、动物与动物或人与动物之间相互传播的一类疾病。当病原体侵入机体,削弱机体防御机能,破坏机体内环境的相对稳定性,并在一定部位生长繁殖,引起不同程度的病理生理过程,表现出临床症状时,称为传染病。如,霍乱是由霍乱杆菌引起的传染病;疟疾是由疟原虫感染引起的;鼠疫也叫"黑死病",是由鼠疫杆菌引起的;手足癣是由真菌感染引起的;天花是由天花病毒引起的(由于接种牛痘疫苗,1980年5月8日世界卫生组织宣告天花已在地球上灭绝);乙肝是乙肝病毒引起的;新冠肺炎是由新型冠状病毒引起的。

2020年3月12日,日内瓦当地时间3月11日,世界卫生组织(WHO)在新闻发布会上正式宣布,将新型冠状病毒肺炎(简称"新冠肺炎")列为全球性大流行病。该病是一种急性感染性肺炎传染病,人群普遍易感,以呼吸道飞沫和密切接触传播为主要的传播途径,其典型症状是干咳、乏力、肌肉酸痛、发烧等。一些轻症的患者并没有很明显的症状,但大多数的重症患者或者是合并有其他一些基础病,比如说高血压、糖尿病、心脏病的患者,会出现比较严重的呼吸道感染症状,比如气促、咳血等,甚至会引发呼吸衰竭、脓毒症休克、代谢性酸中毒和凝血功能障碍等症状。

2.种类

2023年9月15日,国家卫生健康委发布公告,自2023年9月20日起将猴痘纳入乙类传染病进行管理,采取乙类传染病的预防、控制措施,所以传染病种类在2020年2月4日公布40种的基础上又增加为41种,其中甲类传染病2种,乙类传染病28种,丙类传染病11种。有关传染病种类国务院卫生行政部门根据传染病暴发、流行情况和危害程度,可以决定增加、减少或者调整病种及防治措施,但要以官方公布为准。

甲类传染病也称为强制管理传染病,包括鼠疫、霍乱两种。此类传染病发生后,报告疫情的时间限制,对病人、病原携带者的隔离、治疗方式以及对疫点、疫区的处理等均强制执行。乙类传染病也称为严格管理传染病,包括新型冠状病毒肺炎(后更名为新型冠状病毒感染)、传染性非典型肺炎、艾滋病、病毒性肝炎、脊髓灰质炎、人感染高致病性禽流感、麻疹、流行性出血热、狂犬病等28种,其中新型冠状病毒肺炎、传染性非典型肺炎等,一开始采取甲类传染病的预防控制措施,随着病毒毒性的变异、毒性逐渐减弱等原因防控措施转为普通乙类防控。丙类传染病也称为监测管理传染病,包括流行性感冒、流行性腮腺炎、风疹、急性出血性结膜炎、麻风病等。

3.流行的基本环节

传染病的流行都有三个基本环节,即传染源、传播途径和易感人群。传染源指能够散播病原体的人或动物。病原体离开传染源到达健康人所经过的途径叫传播途径。易感人群是指对某种传染病缺乏免疫力而容易感染该病的人群。同一种传染源可以通过多种传播途径到达易感人群,不同的传染源也可以通过相同的传播途径传播到受感染者。比如:乙型肝炎,可以通过母婴、血液等途径进行传播;百日咳、肺结核、流行性感冒等不同类型的传染病,都能通过呼吸道进行传播。

传染病的防治

为了预防、控制和消除传染病的发生与流行,保障人体健康和公共卫生,我国对传染病防治实行预防为主的方针,防治结合,分类管理,依靠科学,依靠群众。社区居民防治传染病主要从以下几个方面着手：

1.提高思想认识。人类历史上死于传染病的人数，远比战争或其他天灾人祸死亡的人数要多。传染病不只是一个单纯的公共卫生问题，还是一个与政治、经济、日常生活密切相关，影响环境卫生、社会稳定乃至人类安全的重大社会问题。因此，每位居民都要从思想上高度重视，切实提高防治传染病的法治意识、道德意识。

2.掌握科学防治原则。中国工程院院士、传染病学专家、国家卫健委高级别专家组成员李兰娟指出："控制传染源、切断传播途径、保护易感人群，永远是预防和控制传染病的根本。"所以在传染病防控实践中，要根据各种传染病的特点，针对传播的主导环节，采取相应的措施，做到早发现、早报告、早诊断、早隔离、早治疗，防止传染病的继续传播。

3.养成良好的生活卫生习惯。人类历史上疫情防控的经验和教训告诉我们，陋习比病原体更可怕。我们每一个人都要养成良好的生活卫生习惯。不吃野生动物，不吃未煮熟的食物，少聚餐，若聚餐用公筷、公勺，养成文明用餐习惯；开窗通风，勤打扫，保持室内干净、空气流动；人与人保持适当距离，不随地吐痰；洁身自好、不吸毒；婚前检查、孕中检查；尽量不要和传染病的患者进行身体密切接触，及时清洗手部、面部等部位，必要时可以佩戴一次性防护用具等。

4.增强机体免疫力。免疫力是人体自身的防御机制，是人体疾病最好的预防者和医生。合理增强饮食营养，能够给肌体的免疫细胞、免疫器官提供一定的营养基础，保证其正常生长发育，发挥其免疫功能；适当加强锻炼，能够促进人体的内循环和内分泌,免疫细胞可以在体内更快地循环,更好地杀死细菌病毒等病原体;充足的睡眠能够让身体各种器官得到充分的休息,保持充沛的体力,拥有健康的睡眠是提高免疫力的基石;保持愉悦的心情,能够使体内的免疫细胞增多,免疫细胞活性增强,可有效提高免疫力。

5.定期体检,排除隐患。人吃五谷杂粮并生活在开放环境中,体内的血液、器官等相关指标一般在相对稳定的情况下也会发生变化,人们通过体检可以发现是否感染了传染病的病原体。有些传染病的病原体在人体内潜伏期较长(比如幽门杆菌、乙肝病毒、艾滋病HIV病毒等),只有达到一定程度才会使感染者发病。若不体检,潜在的病原体就有可能在感染者不知情的情况下传染给密切接触者。

6.接种疫苗,及时就医。疫苗是将病原微生物(如细菌、病毒等)及其代谢产物,经过人工减毒、灭活或利用转基因等方法制成的用于预防传染病的自动免疫制剂。接种疫苗,可以使人体免疫系统产生一定的保护物质,阻止病原菌的伤害,达到预防疾病的作用。人难免会被一些传染源所带的病原体感染。为防患于未然,有些传染病需要提前注射疫苗来预防。如给婴儿定期注射卡介苗、百日咳等疫苗,成人也要注射流感疫苗、乙肝疫苗、新冠疫苗等。人一旦感染传染病,若通过自身免疫力难以恢复,就要及时去医院检查治疗。

7.配合社区做好防疫工作。在防治传染病工作中,社区居民要强化自治管理,遵守社区防治传染病管理规定,积极配合社区搞好社区卫生,消除传播疾病的蚊、蝇、鼠、蟑螂等害虫和病原微生物,积极参加社区组织的防治传染病的法治宣传、道德教育、科普培训、防疫服务等活动。

正确看待传染病

传染病虽然会对人体的健康造成一定的伤害,严重的甚至会危及生命。但我们不应产生恐慌心理,只要高度重视,对不同的传染病采取针对性的防治措施,坚持控制传染源、切断传播途径、保护易感人群的科学原则,传染病是可防、可控、可治的。

新型冠状病毒肺炎是近百年来人类遭遇的影响范围最广的全球性大流行病,是一场全人类与病毒的战争。2020年,面对突如其来、来势汹汹、前所未知的疫情天灾,我国果断打响疫情防控阻击战,采取最全面、最严格、最彻底的防控措施,有效阻断病毒传播链条。用一个多月的时间初步遏制了疫情蔓延势头,用两个月左右的时间将本土每日新增病例控制在个位数以内,用三个月左右的时间取得了湖北保卫战的决定性成果。随着科研技术的进一步推进,2020年7月22日我国又正式启动了新冠疫苗的使用。正如二十大报告中所说:"面对突如其来的新冠肺炎疫情,我们坚持人民至上、生命至上,坚持外防输入、内防反弹,坚持动态清零不动摇,开展抗击疫情人民战争、总体战、阻击战,最大限度保护了人民生命安全和身体健康,统筹疫情防控和经济社会发展取得重大积极成果。"

相反,西方一些发达国家在新冠疫情发生以后,对疫情防控不重视、管控措施不到位,导致新冠疫情在其国内大面积蔓延。据《纽约邮报》2023年5月14日报道,美国疾病控制与预防中心(CDC)发布的最新数据显示,新冠病毒大流行已致使全美近113万人死亡。在美国因新冠肺炎而死亡的人数超过第一次世界大战、第二次世界大战、朝鲜战争和越南战争中战亡的美国人的总和。

生命寄语

人最宝贵的是生命,生命对每个人来说只有一次。传染病对人类健康造成了巨大伤害,我们应当高度重视。科学有效控制传染病,是每一名社区居民义不容辞的责任。病毒、细菌、寄生虫等病原体无地域界限,在传染病防治中,社区居民要团结一致,形成合力,形成应对传染病的健康共同体,关爱生命,呵护生命,珍惜生命,保全生命。

主题 ㉒ 关注饮食安全

典型案例

这个真实的案例发生在多年前。有位妈妈带自己的小孩去路边小饭店吃饭。妈妈出去买东西的时候,小孩独自向服务员要了一瓶饮料,不料服务生却误拿了一瓶店里装有浓硝酸的"饮料"。也许是渴极了,小孩并未发现这瓶饮料已开瓶,他一股脑儿喝了下去。等妈妈回来时,孩子的口腔、咽喉、食道、胃已被浓硝酸腐蚀。后虽经多方治疗,小孩胃的大部分、食道的全部仍被切除,只能凭借人工胃管输入流食。

案例分析

案例中由于妈妈中途离开、店员失误、小孩未察看是否开瓶、未品尝饮料是否异常等众多原因,造成了小孩的悲剧。案例中的妈妈缺乏初步的饮食安全意识,竟然把孩子一个人留在陌生的地方。另外,她也没有提前告诉小孩一些基本的饮食安全方面的知识,小孩竟然不知道喝饮料前要看一下包装是否完整、饮用前要先品尝一口看味道是否异常等饮用常识。且小孩也缺乏自我保护意识和生活常识。众多原因酿成大错。广大居民要引以为鉴,从小就要教给孩子一些基本的饮食安全、健康饮食的常识,减少不必要的伤害。

生命探讨

俗语说,民以食为天。然而在我们的日常饮食中,却存在着很大的安全隐患与健康隐患。此外,有些人挑食、偏食,只吃零食,不吃主餐,缺乏对饮食的科学态度及良好的饮食卫生习惯。还有些人经常在街头巷尾、小摊小店购买"三无"食品,缺乏食品安全法律知识及自我保护意识。那么,如何识别食品优劣,养成良好的饮食习惯呢?对此,我们将通过下面的学习,帮助大家了解浅显的营养学知识,培养大家对饮食的科学态度,增强食品安全知识,提高食品安全自我保护能力,以营造"追求卓越质量,享受美好生活"的浓厚社区氛围。

树立饮食安全意识

1.注意饮食卫生,养成良好的卫生习惯,饭前便后都必须洗净双手,预防疾病的传播。

2.我们应该选择、食用安全的食品。在选购、消费食品时,要注意选择持有有效卫生许可证的饭店和食品商店,察看定型包装食品和散装食品的标签是否标明厂名、厂址、生产日期和保质期等。

3.选择袋装食品时,要注意食品的生产日期、保质期及生产配料。包装上必须有国家认可的 QS 安全标志,购买时要检查其是否过期,开口处是否完好无损,包装是否密封良好。选择饮料还要看其和平时饮用的饮料色泽、透明度是否一致。打开饮用时,先闻一闻,再尝一小口,如无异常,再行饮用。

4.外出就餐时,要选择卫生条件合格的餐厅就餐。卫生条件合格的一般标准应是:有卫生许可证,有清洁的水源,有消毒设备,食品原料新鲜,无蚊蝇,有防尘设备,周围环境干净,收款人员不接触食品且钱票与食品保持相当距离。

饮食安全常识

1.白开水是最好的饮料。一些饮料含有防腐剂、色素等,经常饮用不利于身体的健康。喝白开水最安全。不喝生水、老化水、千滚水、蒸锅水、不开的水、重新煮开的水。当水温达到90℃时,具有致癌、致畸作用的卤化烃、氯仿含量由自来水的每千克53微克上升到177微克,超过国家饮用水卫生标准的2倍。所以,喝不开的水还不如喝生水。

千滚水就是沸腾了很长时间的水和电热水器中反复煮沸的水,其不挥发性物质如钙、镁等重金属成分和亚硝酸盐含量很高。重新煮开的水、蒸馒头等食品的蒸锅水,特别是经过多次反复使用的蒸锅水,亚硝酸盐浓度很高,会引起亚硝酸盐中毒。老化水俗称"死水",即长时间储存不动的水,其有毒物质也随着储存时间的增加而增加。

2.不吃或少吃烧、烤、煎、炸等油腻食物,少吃油炸食品和膨化食品。不食过咸、过腻、过甜的食品。少食油炸食品如炸鸡腿、炸鱼、油条等。油条等油炸食品含丙烯酰胺,吃多了会使人产生嗜睡、情绪不稳定、记忆改变、幻觉和震颤等,伴随老年末梢神经炎的出现,手会出现像戴手套一样的感觉,易出汗和肌肉无力。另外还有90%以上的油条铝超标,铝吃多了易引起老年痴呆。

膨化食品如薯条、各种小饼干、虾条、玉米条等,在人体中难以消化吸收，不仅增加了胃肠的负担，还破坏了天然风味。过咸、过腻的食物是高血压、心血管疾病的诱发因素。过甜的食品与肥胖症、糖尿病和心血管病有密切关系。油炸、烟熏、烧烤的食品，如制作不当会产生有毒物质。

3.有些食物必须煮熟后才可食用。豆角、豆浆因分别含有红细胞凝集素、皂甙，要彻底加热煮熟才能食用。因为豆角和其他豆类蔬菜一样，都含有皂角和植物凝集素，这两种物质对胃肠黏膜有较强的刺激作用，并对细胞有破坏和溶血作用，严重的还会出现出血性炎症。中毒后病人可有上腹痛、饱胀、恶心、呕吐、腹泻等症状，重者可有呕血、四肢麻木等症状。这两种有毒物质不耐热，经充分加热后，就可将有毒物质破坏。

预防豆角中毒的主要方法是把豆角彻底炒煮、熟后再食用。忌喝未煮熟的豆浆。没有煮熟的豆浆含有毒物质，会导致蛋白质代谢障碍，并引起中毒症状。

4.生吃瓜果、蔬菜要洗净，也可削皮后再食用，以免造成农药中毒。瓜果蔬菜在农田生长过程中不仅会沾染病菌、病毒、寄生虫卵，其上还会有残留的农药、杀虫剂等，如果不清洗干净，不仅可能染上疾病，还可能引起农药中毒。

5.尽量少吃或不吃剩饭菜。如果吃剩饭菜，一定要彻底加热，防止细菌性食物中毒。不吃腐烂变质的食物。食物腐烂变质，就会味道变酸、变苦，散发出异味儿。这是因为细菌大量繁殖引起的，吃了这些食物会被细菌感染或中毒，轻则拉肚子，重则患细菌性痢疾。

6.不随便吃野菜、野果、野蘑菇。野菜、野果、野蘑菇的种类很多，有的含有对人体有害的毒素，缺乏经验的人很难辨别清楚。不吃无卫生保障的生食食品,如生鱼片、生荸荠等。

7.不吃无卫生保障的街头食品,不随意购买、食用街头小摊贩出售的劣质食品、饮料。这些劣质食品、饮料往往卫生质量不合格,食用、饮用会危害健康。

噎住及其急救

人的鼻子吸入的空气和经咀嚼的食物都会经过咽喉,之后空气会进入气管,食物则会进入食道(气管位于食道的前面),这都归功于咽喉下方的会厌软骨。会厌软骨为弹力软骨,可活动,平时耸立开放喉腔,让空气进入气管。当我们吞咽时,一方面软腭会向后延伸,阻止食物进入鼻腔;另一方面喉的上升,令会厌软骨像门一样,将气管喉腔覆盖,令食物进入食道,防止食物误入喉腔。边吃饭边说话会导致神经系统指挥失误,吞咽食物时,会厌软骨覆盖在气管上,食物就会进入气管,发生急性呼吸道异物堵塞。

生活中,居民朋友们身边若有人边吃东西边说话,会厌软骨不慎发生急性呼吸道异物堵塞,也就是"噎住"了,应该如何急救呢?

小孩噎住了的急救措施是海姆立克急救法。在一岁以内的婴儿如发生异物噎住喉头而导致的窒息,需先将婴儿面朝下放置在手臂上,手必须贴近前胸,大拇指和四指分别卡在患儿下颌骨的位置,同时注意保护患儿的颈椎以免颈椎错位和发生移动。另一只手呈扇形扣在婴儿背上,以肩胛骨和肩胛中缝的中间为叩击点连续拍背五次,然后观察异物是否被吐出。如没有被吐出,继续反复刚才的动作,反复经过五个周期后再进行情况的评估。

如果是一岁以上十岁以下的小孩噎住了,急救措施是海姆立克法的站立式。施救者在被救者的身后,用两手环住患者的腹部,肚脐与肋骨中间的地方一手握空拳,另一只手包住拳头,然后再向后、向上方有力地进行冲击。每次冲击时间持续超过一秒钟,以每六次冲击为一周期,直至将异物排出。

如果是成人被噎着,救护者应站在被救者身后,从背后抱住他的腹部,两只手臂环绕在他的腰腹部,然后一只手握拳,拳心向内按压在被救者的肚脐和肋骨之间的部位。另一只手伸展开,捂按在拳头之上,最后双手快速地、有力地向上、向里挤压,反复进行这个动作,直到堵塞物吐出来为止。

生命寄语

朋友们,在日常生活中,我们应该增强饮食安全意识,养成良好的卫生习惯,掌握一定的饮食安全常识。在面对盘中美味、瓶中佳酿、袋中美食之时,一定要多一分戒心、多一分细心,那样,我们的饮食就会多一分安全,我们的身心就会多一分健康。在突发事件中我们才能知道如何去做,最大限度地保护自己和家人不受伤害,或者把伤害降到最低。

主题 ㉓ 警惕食物中毒

典型案例

案例一：2015年7月17日，深圳罗湖区乐园路101号的华城小吃店发生疑似早餐食物中毒事件。不少顾客在吃了肠粉后感觉不适，32人出现疑似食物中毒症状。

疑似食物中毒的顾客刘女士回忆："我们7点多钟去买的肠粉，吃了可能过了20多分钟吧，我就感觉要拉肚子，拉了两次，我就感觉要晕了。"

罗湖区疾控中心在该店制作食品的水源和米粉浆中快检出亚硝酸盐，初步判断是亚硝酸盐中毒。该店17日早上共售出早餐52份。调查发现，事故原因是餐厅工作人员误用了餐厅储水罐里被污染了的水清洗、加工食品。

案例二：2010—2019年，云南省文山州报告食物中毒死亡事件65起，占同期食物中毒事件的7.5%；食物中毒死亡事件中病死率36.7%，同期食物中毒事件病死率为2.11%；食物中毒死亡事件高发期为六七月份，夏秋季节较多；野生蕈中毒为食物中毒死亡事件主要致死原因，发病以农村家庭为主。

案例分析

深圳罗湖食物中毒案例中，由于华城小吃店工作人员误用了被污染的水清洗、加工食品而导致32人亚硝酸盐中毒。早上时间紧，很多人习惯在路边小吃店吃早点。小吃店给大家带来便利的同时也增加了安全隐患。把自己的生命安全交付给小吃店,小吃店稍有差池,便会给多人带来生命危险。所以,居民最好在家里用餐,若在外就餐,要选择去那些卫生条件良好的餐厅。卫生合格的一般标准应是:有卫生许可证,有清洁的水源,有消毒设备,食品原料新鲜,无蚊蝇,有防尘设备,周围环境干净,收款人员不接触食品且钱票与食品保持相当距离。

第二个案例中,徐华等人通过收集2010—2019年云南省文山州食物中毒死亡事件数据,运用Excel软件进行数据整理分析。分析2010—2019年文山州食物中毒死亡事件的流行病学特点,掌握食物中毒死亡主要原因,为制定文山州食物中毒死亡事件的预防控制措施和策略提供依据。调查显示,野生蕈中毒是文山州控制食物中毒死亡事件的重点。由此可见,城乡社区要对辖区内发生的食物中毒事件记录在册,认真分析,做到心中有数;对辖区内居民群众要加强宣传教育,普及预防食物中毒知识,提高人民群众辨识"毒"食品能力,强化社区基层医疗机构能力建设,建立食品安全管理长效机制。

生命探讨

食物中毒是指摄入了含有生物性、化学性有毒有害物质的食品,或把有毒有害物质当作食物摄入后所出现的非传染性疾病。

食物中毒类型

根据病源物质可分为细菌性食物中毒、真菌毒素食品中毒、化学性食物中毒、植物性食物中毒、动物性食物中毒五类。

1.细菌性食物中毒

细菌性食物中毒是指人们摄入含有细菌毒素的食品而引起的食物中毒。其发生与不同地区人群的饮食习惯有密切关系。如在美国,肉、蛋及糕点的摄入较多,葡萄球菌引起的食物中毒较多见;日本和我国沿海地区居民喜食生鱼片等海产品,则副溶血性弧菌引起的食物中毒较多见。

细菌性食物中毒多发生在夏秋炎热季节,因为气温高适宜细菌生长繁殖,且炎热季节人体肠道的防御机能下降,对疾病的易感性增加。细菌性食物中毒的发病率高,但病人恢复较快,预后良好。

2.真菌毒素食物中毒

真菌毒素食物中毒主要因食入被霉菌及其产生的毒素污染的食品而引起。其发生具有明显的地区性、季节性和波动性。如霉变甘蔗中毒,在我国多发生于二三月的北方省份。甘蔗霉变的原因是广东、广西等地11月份收割的甘蔗运至北方储存,第二年春季温度升高,导致部分甘蔗霉变。所以,在甘蔗储存过程中应防止霉变,存放时间一般不要超过2周。甘蔗霉变后不能食用。

3.化学性食物中毒

引起化学性食物中毒的食品主要有四种:其一,被有毒有害的化学物质污染的食品,如被农药、杀鼠药污染的食品;其二,被误认为是食品、食品添加剂、营养强化剂的有毒有害的化学物质,如工业酒精、亚硝酸盐等;其三,添加非食品级的或伪造的或禁止使用的食品添加剂、营养强化剂的食品以及超量使用食品添加剂的食品,如吊白块加入面粉增白、甲醛加入水发产品中防腐、三邻甲苯磷酸酯作为食品机械润滑油等；其四，营养素发生化学变化的食品，如油脂酸败等。

化学性食物中毒来势凶猛，发病率高，几乎是100%，病死率高，如处理不及时，常会造成死亡，酿成重大食物中毒事故。化学性食物中毒的发生通常无地域性、季节性，也无传染性，常是群体发病，病人都有进食某种食品的病史，并且临床表现相同。

4.植物性食物中毒

引起植物性食物中毒的食品主要有三种：其一，将天然含有有毒成分的植物或其加工制品当作食品，如桐油；其二，将在加工过程中未能破坏或除去有毒成分的植物当作食品，如木薯、苦杏仁等；其三，在一定条件下产生了大量有毒成分的可食用植物性食品，如发芽土豆等。

5.动物性食物中毒

引起动物性食物中毒的食品主要有两种：其一，将天然含有有毒成分的动物或动物的某一部分当作食品，如河豚鱼、猪甲状腺等；其二，在一定条件下产生了大量有毒成分的可食用动物性食品，如储存不当的贝类、鲐鱼等。

近年我国发生的动物性食物中毒主要是河豚鱼中毒，其次是贝类中毒和鱼胆中毒。

食物中毒的主要原因

食物中毒主要是由于进食被细菌及其毒素污染的食物，或摄食含有毒素的动植物如毒蕈、河豚等引起的急性中毒性疾病。变质食品、污染水源是主要传染源。不洁手、餐具和带菌苍蝇是主要传播途径。

1.某些致病性微生物污染食品并急剧繁殖,以致食品中存有大量活菌(如沙门氏菌属)或产生大量毒素,如金黄色葡萄菌产生的肠毒素。

2.有毒化学物质混入食品并达到能引起急性中毒的剂量,如农药的污染。

3.食物本身含有毒成分,而加工、烹调方法不当,未能将其除去。如河豚含有河豚毒素、鲜黄花菜含有秋水仙碱、苦杏仁含有氰甙等。此外,豆角、木薯等都含有毒物质。比如木薯含有的有毒物质为亚麻仁苦苷,如果摄入生木薯或未煮熟的木薯、木薯汤,都有可能引起中毒。其原因为亚麻仁苦苷或亚麻仁苦苷酶经胃酸水解后产生游离的氢氰酸,从而使人体中毒。一个人如果食用150至300克生木薯即可引起中毒,甚至死亡。要防止木薯中毒,可在食用木薯前去皮,用清水浸泡薯肉,使亚麻仁苦苷溶解。一般泡6天左右就可去除70%的亚麻仁苦苷,再加热煮熟,即可食用。

4.食品在储存过程中,由于贮藏条件不当而产生了有毒物质,如马铃薯发芽产生龙葵素。

5.某些动植物因摄入有毒成分而间接引起食品中含有毒素。如食入毒藻的海水鱼、贝,采用有毒蜜源植物酿的蜂蜜。这些动植物起着毒素的转移与富集作用。

6.将天然含有有毒成分的植物或其加工制品当作食品,如桐油、大麻油等引起的食物中毒;某些外形与食物相似,而实际含有毒成分的植物,被作为食物误食而引起中毒(如毒蕈等)。

一般食物中毒的急救处理

1.立即拨打"120"急救电话,请求急救救援。寻找分析引起中毒的食物,判断食用时间长短。稳定情绪,清楚表述自己的位置,以便"120"急救车能及时到达,节省时间,赢得机会。

2.催吐。如果进食的时间在1至2小时前,可使用催吐的方法解毒。立即取食盐20克,加开水200毫升,冷却后一次喝下。如果无效,可多喝几次,迅速促使呕吐。亦可用鲜生姜100克,捣碎取汁用200毫升温水冲服。也可用筷子、手指或鹅毛等刺激咽喉,引发呕吐。

3.导泻。如果病人进食受污染的食物时间已超过2至3小时,但精神仍较好,则可服用泻药,促使受污染的食物尽快排出体外。一般用大黄30克,一次煎服。老年患者可选用元明粉20克,用开水冲服。体质较好的老年人,采用番泻叶15克,一次煎服或用开水冲服,也能达到导泻的目的。

4.解毒。若是误食了变质的防腐剂或饮料,最好的急救方法是用鲜牛奶或其他含蛋白质的饮料灌服。如果是因吃了变质的鱼、虾、蟹等引起的食物中毒,可取食醋100毫升,加水200毫升,稀释后一次服下。

5.尽量做到用塑料袋留好呕吐物或大便,带着去医院检查,以便及早诊断。

6.病人出现抽搐、痉挛症状时,马上将病人移至周围没危险物品的地方,并取来筷子,用手帕缠好塞入病人口中,以防止其咬破舌头。

7.在治疗过程中,要给病人以良好的护理,尽量使其安静,避免精神紧张;病人应注意休息,防止受凉,同时补充足量的淡盐开水。

常见食物中毒的急救

1.发芽土豆中毒

症状:食用数分钟至数小时后发病,开始上腹部有灼感和痛感,继而喉干、恶心、呕吐、腹痛腹泻,重者发烧、呼吸困难、抽风、昏迷,可因呼吸中枢麻痹而死亡。

急救办法:

①中毒较轻者,可大量饮用淡盐水、绿豆汤、甘草汤等解毒。

②中毒较严重者,应立即用手指、筷子等刺激咽后壁催吐,然后用浓茶水或1∶5000高锰酸钾液、2%~5%鞣酸反复洗胃,再口服硫酸镁20克导泻。

③可服用蛋清、食用活性炭等,食用时间不长者可饮服醋50毫升。

④呼吸衰竭者应进行人工呼吸,昏迷时可按压人中、涌泉穴急救。

⑤中毒严重者应尽快送往医院进一步救治。

2.豆浆中毒

原因:生大豆含有一种有毒的胰蛋白酶抑制物,可抑制体内蛋白酶的正常活性,并对胃肠有刺激作用。

症状:潜伏期数分钟到1小时,病人出现恶心、呕吐、腹痛、腹胀,有的腹泻、头痛,可很快自愈。

预防措施:豆浆必须煮开再喝。

3.亚硝酸盐中毒

原因:亚硝酸盐中毒又叫紫绀症、肠源性青紫病等,一般是食用硝酸盐或亚硝酸盐含量较高的腌制肉制品、泡菜及变质的蔬菜,或者误将工业用亚硝酸钠作为食盐食用而引起的,也可见于饮用含有硝酸盐或亚硝酸盐苦井水、蒸锅水后。亚硝酸盐能使血液中正常携氧的低铁血红蛋白氧化成高铁血红蛋白,因而失去携氧能力,引起组织缺氧。

症状:本病发病急,病情发展快,主要表现为全身乏力、心慌、气短、腹胀、口唇及指甲青紫,严重者出现痉挛、抽搐、血压下降、大小便失禁及昏迷等。若抢救不及时,则易造成死亡。

预防措施:

①蔬菜应妥善保存防止腐烂,不吃腐烂的蔬菜。

②食剩的熟菜不可在高温下存放长时间后再食用。

③勿食大量刚腌的菜。腌菜时应多放盐,至少腌至15天再食用,但现泡的菜最好马上就吃,不能存放过久。腌菜时选用新鲜菜。

④不要在短时间内吃大量叶菜类蔬菜,或将叶菜先用开水焯5分钟后再烹调。

⑤肉制品中硝酸盐和亚硝酸盐用量要严格按国家卫生标准规定,不可多加;苦井水勿用于煮粥。

⑥防止错把亚硝酸盐当食盐或碱面用。

急救办法:

①迅速催吐、洗胃、导泻、静脉输液、灌肠、排尿,纠正其酸中毒,让中毒者大量饮水。

②患者要绝对卧床休息,注意保暖。应将患者置于空气新

鲜、通风良好的环境中。呼吸困难者给予氧气并输入新鲜血液300～500毫升。

③使用特异性解毒剂，用25%葡萄糖液加1%美蓝溶液，静脉注射，剂量按1~2毫克/千克计算；也可口服，但剂量加倍。

④食用大剂量维生素C。维生素C可使高铁血红蛋白还原为血红蛋白。

生命寄语

生命可贵，可又非常脆弱。看似不起眼的食物中毒，有时会严重威胁到我们的生命。如果提前对食物中毒相关知识了解不足，就容易措手不及。为了更多的生命能健康茁壮地成长，社区可组织举办一些食物中毒讲座，帮助居民朋友们了解一些食物中毒相关知识，掌握常见食物中毒急救常识，这样既能有效预防食物中毒，也能为"120"急救争取到宝贵的抢救时间，避免一些悲剧的发生。

主题 ㉔ 酒精中毒的预防与急救

典型案例

案例一:2018年11月27日13时许,哈尔滨市呼兰区市场监管部门与区公安分局"110"接到举报,当地一家酒店就餐人员用餐后出现了疑似中毒的现象,26日、27日,先后有5人就医,其中有1人于27日死亡。事件发生以后,当地的有关部门到现场取证,协调医疗机构全力救治,并且对酒店采取了停业整顿、封查食品、白酒取样送检、流行病学调查等措施。调查结果显示该事件为酒精中毒引发。

案例二:2011年,被称为"拉力神童"的中国著名的赛车明星刘曹冬,在成都因酒精中毒引发缺氧导致的脑水肿,抢救无效逝世,年仅26岁。

案例分析

两个案例都是由于酒精中毒引发的。酒精中毒以后会产生动作笨拙、言语不清、昏睡等症状,严重的会产生急性胃出血、急性肝炎、心力衰竭等并发症。案例二中的赛车手就是由于酒精中毒引发的并发症,最终抢救无效身亡。发生酒精中毒的情况时,要严格果断采取措施,及时送医治疗;同时也要密切关注身体情况,不适宜饮酒,要坚决不饮酒;饮酒者要注意酒的质量,坚决杜绝饮用非正规厂家生产的酒,以免引起酒精中毒。

生命探讨

酒精为亲神经物质,对中枢神经有抑制作用。一般人饮酒后会有松弛、温暖的感觉,适度的饮酒既能消除紧张,解乏,减轻不适感或疼痛,也能提神和放松心情。但是,饮酒过量或酗酒则会酒精中毒,甚至危及生命。

酒精中毒分为急性酒精中毒和慢性酒精中毒。一次性大量饮酒可产生醉酒状态,是常见的急性酒精中毒。长期大量饮酒会引起慢性酒精中毒,可导致大脑皮层、小脑、桥脑和胼胝体变性,肝脏、心脏、内分泌腺被损害,营养不良,酶和维生素缺乏等。

酒精中毒的实质

酒精中毒俗称醉酒,是酒精引起的中枢神经系统的抑制状态。酒精属微毒类,是中枢神经系统的抑制剂,作用于大脑皮层。饮酒后初始表现为兴奋,其后可累及皮层下中枢和小脑活动,影响血管运动中枢并抑制呼吸中枢,出现循环系统、呼吸系统、消化系统的功能紊乱,严重者可致呼吸、循环衰竭。酒精90%由肝脏分解,因此还可造成肝脏损害。当大脑皮层被抑制时,皮层下中枢失去皮层的控制,便出现一些失控的兴奋行为;当皮层下中枢也受抑制时,这种表面兴奋的现象才会消失。因此,无论表面看来是"兴奋"还是"抑制","醉酒"的本质不是兴奋而是抑制。

急性酒精中毒的症状

酒逢知己千杯少,但殊不知开怀畅饮很可能酩酊大醉,发生急性酒精中毒。尤其是空腹饮酒时,酒精1小时内有60%被吸收,2小时吸收量可达95.5%。

急性酒精中毒可分为三个阶段:

第一阶段为兴奋期,表现为身上有酒味,脸色潮红或苍白,眼睛发红(即结膜充血),头晕,人有欢快感,一般言语增多,自控力减低;逞强好胜,口若悬河,夸夸其谈,举止轻浮;有时表现为粗鲁无礼,感情用事,打人毁物,喜怒无常。绝大多数人在此阶段都自认没有醉,继续举杯,不知节制。少数人在此阶段会犯困,可安然入睡。

第二阶段为共济失调期,表现为动作笨拙而不协调,步态蹒跚,身体失去平衡;语言不清,发音含糊,语无伦次;有时会呕吐。

第三阶段为昏睡期,表现为沉睡不醒,面色苍白,皮肤湿冷,体温低,口唇微紫,心跳加快,呼吸缓慢而有鼾声,瞳孔散大。严重者甚至陷入深昏迷,抽搐,大小便失禁,以至呼吸麻痹而死亡。

急性酒精中毒的现场救护

1.对轻度中毒者,首先要制止他再继续饮酒;其次可找些梨子、荸荠(马蹄)、西瓜之类的水果给他解酒;也可以用刺激咽喉的办法(如用筷子等)引起呕吐反射,使其将酒等胃内容物尽快呕吐出来(对于已出现昏睡的患者不适宜用此方法),然后要安排他卧床休息,最好是侧卧,以防吸入性肺炎。注意保暖,注意避免呕吐物阻塞呼吸道。观察呼吸和脉搏的情况,如无特别,一觉醒来即可自行康复。

治疗可用柑橘皮适量,焙干,研成细末,加入食盐少许,温开水送服,或绿豆50~100克,熬汤饮服。

2.重度酒精中毒者,应用筷子或勺把压舌根部,迅速催吐,然后用1%碳酸氢钠(小苏打)溶液洗胃。如果卧床休息后,还有脉搏加快、呼吸减慢、皮肤湿冷、烦躁的现象,则应马上送医院救治。

3.严重的酒精中毒者,若昏迷不醒,或出现昏睡、脱水、抽搐、休克、呼吸微弱等症状,应立即送医院急救。

注意,胡言乱言及呕吐者其实一般都不是重者,昏睡过去的才更要值得注意。喝浓茶(含茶碱)、咖啡能兴奋神经中枢,有醒酒的作用,但由于咖啡和茶碱都有利尿作用,可能加重急性酒精中毒时机体的失水,而且有可能使乙醇在转化成乙醛后来不及再分解就从肾脏排出,从而对肾脏起毒性作用;另外,咖啡和茶碱有兴奋心脏、加快心率的作用,与酒精兴奋心脏的作用相加,会加重心脏的负担;咖啡和茶碱还有可能加重酒精对胃黏膜的刺激,因此,用咖啡和浓茶解酒并不合适,还是喝些果汁、绿豆汤,生吃梨子、西瓜、荸荠(马蹄)、橘子之类的水果来解酒更好。

急性酒精中毒的预防

2006年2月6日,浙江义乌人罗晓明到同事家拜年。吃饭时由于同事不断劝酒,罗晓明喝酒严重超量,酒精中毒后死亡。其父母把8名劝酒者告上法庭。这一备受社会关注的"义乌劝酒案"于当年9月1日判决,8名被告共同赔偿原告3万元。那么,如何预防酒精中毒呢?

1.了解酒精对身体的危害程度,知道喝酒是可以喝死人的。

2008年1月24日,"健康饮酒中国行"活动组委会在京公布了《2007年度中国25省民众健康饮酒状况调查报告》。报告显示,超过半数的饮酒人群身体健康状况处于亚健康及以下水平,中国饮酒群体的酒量平均为单次 2.7 两(以 38 度酒为标准),折算为纯酒精 41.04 克。这个量超出了国际安全饮用标准,也超出了中国现行的安全饮用标准。世界卫生组织国际协作研究指出,男性安全饮酒的限度是每天不超过 20 克酒精。中国现行的标准是日酒精摄入量不超过 15 克。

2.增强自我防范意识和法律意识,爱惜自己的身体,不酗酒,不给自己的家人增添担忧。无论劝酒者出于何种目的强"劝",自己心里必须有数,没必要为此搭上自己的健康和性命。

据悉,中国每年死于酒精中毒的人数超过 11 万,占总死亡率的 1.3%。每年由于酒后驾车引发的交通事故有数十万起,其中死亡事故半数以上都与酒后驾车有关。

3.了解自己的酒量,饮酒时做到"饮酒适度""饮酒而不醉"的良好习惯,切勿养成以饮酒来解除烦愁、寂寞、沮丧等情绪和工作压力的不良习惯。

4.饮酒时不应打乱正常的饮食规律,切不可"以酒当饭",尤其要避免空腹饮酒,一则避免损害自己的身体,二则避免造成营养不良。

慢性酒精中毒症状

酒精依赖系指慢性酒精中毒者一旦停饮,可产生一系列戒断症状。实际上酒精依赖者经常处于慢性中毒状态中。一般慢性酒精中毒的中毒者,常有 10 年以上的长期饮酒史。

世界卫生组织提出酒精依赖综合征的概念及以下诸特征(1977):①不可克制的饮酒冲动;②有每日定时饮酒的模式;③

对饮酒需要超过其他一切活动;④对酒精耐受性的增高;⑤反复出现戒断症状;⑥只有继续饮酒才可能消除戒断症状;⑦戒断后常可旧瘾重染。戒断症状在临床表现方面,最常见的早期症状为四肢与躯干的急性震颤,患者不能静坐或稳定地握杯,易激动和惊跳,害怕面向他人,常见恶心、呕吐和出汗。若让其饮酒,上述症状迅速消失,否则会持续数天之久。进一步发展,可有短暂错觉、幻觉、视物变形,发音不清或狂叫,随后可出现癫痫发作。48 小时后可产生震颤谵妄。

慢性酒精中毒者常人格改变,变得自私、乖戾,对工作和家庭不负责任,终日嗜酒如命,常有说谎、偷窃等行为。患者常伴有躯体疾患,包括慢性胃炎、肝硬化、吸收不良综合征、周围神经炎及心肌损害等。

慢性酒精中毒者常具有一定程度的震颤谵妄等精神障碍。震颤谵妄为慢性酒精中毒者突然停饮后出现的急性精神障碍。患者意识模糊,出现兴奋、惊恐与幻视症状,伴有发热、多汗、血压升高、心动过速、舌唇和四肢粗大震颤及瞳孔散大。严重时可有抽搐发作,发作一般持续 3 至 4 天,症状于夜间加剧,以熟睡告终,醒后可完全恢复,谵妄经过不能回忆。一般经支持治疗均可迅速好转。少数病人可死于心力衰竭,或转为 Korsakov 综合征。

Korsakov 综合征为慢性酒精中毒者的后遗症,临床特征为近记忆和定向障碍、错构和虚构、判断障碍和情绪欣快。酒精中毒所致的 Korsakov 综合征,被认为是营养不足和硫胺缺乏所致,但经 B 族维生素治疗,很少能完全恢复。

慢性酒精中毒的治疗

1.轻症患者一旦成瘾应立即戒酒。对戒断综合征患者应细心照料。

2.重者必须入院治疗。如酒瘾已深,以往曾发生癫痫谵妄幻觉等戒断症状,为防止骤然停饮导致戒断反应,国外曾应用行为疗法戒酒。在接触酒类的同时,根据医嘱,应用药物以产生恶心呕吐;也有服用戒酒硫,使酒的氧化停滞在乙醛阶段,体内乙醛蓄积会引起恶心呕吐、大汗、心悸、心前区疼痛和难受的濒死感,从而建立厌恶性条件反射而戒酒。

3.酒精中毒性精神病患者在戒酒及症状明显好转之后,应克服形成酒精依赖的心理社会因素,树立戒酒的信心和决心,积极主动解决人际关系等社会性问题,取得社会性康复,达到长期戒酒目的。

酒精中毒的过程和主要原因

主要原因:

1.由于人对乙醇的适应能力相对差别引起的酒精中毒。

2.高剂量摄入酒精(过度饮酒)造成血液里乙醇含量超过人的承受能力。

3.高浓度的乙醇摄入导致了呼吸中枢和控制心跳的神经中枢的暂时性麻醉,导致了因为无法摄入氧气或者养料不能送达全身,引发死亡。

过程:

饮酒后,乙醇在消化道中被吸收入血液,空腹饮酒则吸收更快。血液中的乙醇由肝脏来解毒,先是在醇脱氢酶作用下转化为乙醛,又在醛脱氢酶作用下转化为乙酸,乙酸再进一步分解为水和二氧化碳。全过程约需2到4个小时。有报道称成人的肝脏每小时约能分解10毫升乙醇,大量饮酒,超过机体的解毒极限就会引起中毒。一般而论,成人的乙醇中毒量为75~80毫升/次,致死量为250~500毫升/次,幼儿25毫升/次亦有可能致死。

酒知识

中医药学认为酒是一味药物,其性味属"苦甘辛热",可以"行经络、御风寒、通血脉、行药势",并可主治风湿痹痛及胸痹诸症。德国一所大学医学中心的科研成果显示,适当饮酒者的血清反应蛋白水平低于不饮酒与过量饮酒者,表示少许饮酒具有抗炎效应。少量饮酒对身体有一定益处,可以舒筋活血,增加血的活量,在冬天能够起一定的御寒作用。

生命寄语

中国有句古话:"无酒不成宴。"许久不曾谋面的亲朋好友相聚在一起,少不了推杯换盏,喝上几杯酒,这都是人之常情。但饮酒不可过量,终日手不离瓶不可为;不能"以酒当饭",饮酒不分早晚;更不能抱定"酒逢知己千杯少"之理念,把推杯换盏视为交友的唯一方式。开怀畅饮,无所顾忌,无所节制,很可能酩酊大醉,发生急性酒精中毒。因而,面对酒香诱惑、他人相劝,居民朋友们一定要有自我防范意识和法律意识,爱惜自己的身体,珍惜自己的生命,做到"饮酒适度",不酗酒、不闹事、不出丑、不违法。更不能以酒来解除烦愁、寂寞、沮丧等消极情绪,缓解学习、生活、工作等压力,要养成"饮酒而不醉"的良好习惯。

主题 25 一氧化碳中毒的预防与急救

典型案例

2012年11月16日,星期五。这天早晨,老太太孙庆英走出家门,像往常一样,去往学院路,她要赶在清洁工清理之前,将垃圾箱中自己看中的"宝贝"收入囊中。翻开第一个垃圾箱,她用小锄头从里面翻出了些没有烧尽的煤球;第二个垃圾箱盖子开着,她从里面拾起几个瓶子;第三个垃圾箱盖子紧闭,她费力掀开箱盖,只见里面有5个男孩子,5到10岁,脏兮兮,穿蓝色雨靴。在孩子们中间有一个破旧的砂罐,里面有燃烧过的木头。她用小锄头拨了拨几个孩子,没有反应,但其中一个孩子的鼻子和嘴巴还在冒泡泡。她开始喊叫起来:"坏了,出事了!"垃圾箱斜前面就是一排门店,门店后方不足50米就是七星关区流仓桥办事处和流仓桥派出所。孙老太太的喊叫声引来了很多人。他们看到了垃圾箱里的情景后,都跟着喊叫起来。派出所来人了,封锁了现场。救护车到场,很快,5个男孩被证实死亡,送到了毕节市殡仪馆。

案例分析

案例中的5名死亡男童年龄在5到10岁,经初步调查和勘验,5名男孩排除外伤性致死和机械性窒息死亡,尸检结果系一氧化碳中毒死亡。警方发现小孩死亡的垃圾箱内有煤球生火取暖的痕迹。5个男孩年龄小,知识储备不足,并不知道在密闭的环境中生火会造成一氧化碳中毒。这就警示城乡社区要重视宣传教育,让更多的人都能了解到一氧化碳中毒的危害,做好预防工作,防止同类型事件再次发生。同时,还要关注排查辖区内出现的流浪儿童,配合民政部门做好流浪儿童的收容、遣返工作。

生命探讨

煤气中毒通常指的是一氧化碳中毒。一氧化碳无色无味,会让人在睡眠中不知不觉吸入呼吸道,通过肺泡的气体交换,进入血流,并散布全身,造成中毒。

在日常生活中,煤气中毒主要在如下几种情形下发生:

①在密闭的居室中使用煤炉取暖、做饭或用木炭炉烧烤,而门窗紧闭,无通风措施,未安装风斗或安装风斗不正确。

②平房烟囱安装不合理,筒口正对风口或遇刮风、阴天、下雪等低气压天气,室内积蓄的煤气无法及时排出。

③城区居民使用的管道煤气管道漏气、开关不紧、煤气软管老化或烧煮中火焰被扑灭后,煤气大量溢出。

④使用燃气热水器,通风不良,洗浴时间过长。

⑤冬季在车库内发动汽车或开动车内空调后在车内睡着,也可能引起煤气中毒。

1.症状

初感头痛、头昏、全身无力、恶心、呕吐,随中毒的加深而昏倒或昏迷、大小便失禁、面呈樱桃红色、发绀、呼吸困难,重者因呼吸循环中枢衰竭而死亡。

2.急救处理

①应立即打开门窗,流通空气。尽快让患者离开中毒环境,吸入新鲜空气,注意保暖。

②患者应安静休息,避免活动后加重心、肺负担及增加氧的消耗量。

③给清醒者喝热糖茶水,有条件时尽可能吸入氧气。清理呕吐物,保持患者呼吸道畅通。

④对心跳停止者,进行心肺复苏,同时呼叫"120"急救车。

⑤中毒者应尽早进行高压氧舱治疗,减少后遗症。

3.预防

①取暖用的煤炉要装好烟囱,并保持烟囱结构严密和通风良好,防止漏烟、倒烟。

②使用燃气应保持排气通风。防止火焰被汤水溢熄或被风吹熄,尽量使用带有自动熄火保护装置的安全型灶具。临睡前关闭燃气总开关。

③长时间使用燃气热水器,应保持通风。严格按照热水器说明书的要求装置燃气热水器和排放废气的烟道,热水器每隔半年或8个月要清洗保养。

④连接燃气灶具要使用专用胶管,经常检查,更换老化煤气软管,接口要用夹具紧固,胶管不宜拖接过长。

⑤产生一氧化碳的场所要保持良好的通风,车内空调不宜长时间开放。

4.警惕煤气中毒后的"假愈期"

煤气中毒治疗痊愈后,在7天至3个月不等的时间中,有些病人出现了定向力、记忆力障碍,语言杂乱,领悟困难以致其他人难以与其交谈,情感淡漠,大小便失禁,步态不稳,甚至失语、失明、抽搐等症状。这是怎么回事呢?

原来,患者急性煤气中毒时极度缺氧而引发缺氧血症,会导致脑组织血管壁细胞变形、血管运动系统麻痹,出现封锁性动脉内膜炎、血液循环障碍和组织缺氧,严重时还会导致脑水肿,形成小血栓或出血点。此后脑组织会出现修补现象,这段修补期即是中毒以后的"假愈期"。"假愈期"病人的机体并未得到彻底治疗与恢复,如不及时彻底治疗,就会造成神经细胞不可逆的损害,留下痴呆、无故傻笑、记忆力减退、精神错乱、步态不稳、说话含混不清等后遗症,严重的还可危及生命。

据研究,昏迷4小时以上的人约有50%会出现"假愈期",需去神经科或精神科进行医疗检查治疗。出现了"假愈期"的患者一定要清楚地告诉医生自己曾有过煤气中毒的病史,以便医生对症治疗。

急性煤气中毒后的晚发性脑病治疗相当棘手,因此,煤气中毒后,不要被"假愈期"的假象所迷惑,不要急于让病人出院,要坚持治疗2周以上,以改善脑部缺血缺氧性损害,促进脑细胞功能的恢复。此外,煤气中毒患者必须经医院的系统治疗后方可出院,即使是轻度、中度中毒,也应进行高压氧舱治疗,以减少后遗症。

生命寄语

一氧化碳无色无味,一氧化碳中毒尤其是熟睡后中毒很可能会毫无感觉,煤气热水器若出现故障,人在洗澡时缺氧心慌会误以为是因洗澡乏力所致;密闭汽车内一氧化碳中毒也往往被人们忽视……居民朋友们需要了解可能发生一氧化碳中毒的情形与中毒后症状,懂得如何预防与急救,并要时刻提高警惕,采取有效的预防措施,防范一氧化碳中毒,尽力保障自己、家人及朋友远离风险。

主题 ❷❻ 毒蛇咬伤的预防与急救

典型案例

案例一：曾和400条毒蛇同居40天的"蛇王"竟被蛇咬死。据报道，48岁的阿里·汗·萨姆苏丁号称马来西亚"蛇王"，他一辈子都在和毒蛇打交道。2006年11月28日，阿里在马来西亚首都吉隆坡表演时被一条眼镜王蛇咬伤，阿里并没有当回事，还是他的母亲看他神志不清才赶紧送他去医院的，最终阿里因延误了治疗的时机，抢救无效，于12月1日死在医院中。

案例二：2020年7月22日，万万（化名）和他表弟一起上山采蘑菇。在采蘑菇的过程中，他们在地上发现了一团颜色鲜艳的东西，以为是蘑菇，上手就去抓，结果是毒蛇。毒蛇马上就咬住了万万的手。被咬以后，万万被带回了家。万万爸爸想起有一名土医生治好过蛇毒，就马上就找来了这位医生给万万治疗。按照医生教的方法，家里人拿药酒一直给万万擦，还敷上了土医生给开的药。一晚上过去了，万万的伤势越来越严重，手肿得厉害。第二天，家人把万万送到了市人民医院，医生给万万注射了抗蛇毒血清，但是症状缓解很慢。之后万万转院到了市妇幼医院进行了血浆置换，5次血浆置换以后，状况才趋于稳定。

案例分析

案例一中马来西亚"蛇王"阿里在表演"死亡之吻"时丧命。其实各地的"蛇王"被毒蛇咬死咬伤的事件时有发生。诚然，要蛇这项高风险的工作是造成事故的原因之一,但更重要的是这些"蛇王"虽然在了解蛇的习性、与蛇的沟通上比常人强得多,但他们都忽视了一个最本质的问题,就是他们也是人,是结构和功能上和常人无异的人。他们能够与人人惧怕的毒蛇融洽相处,使他们误以为自己与常人不同,可以百毒不侵、金刚不坏,这种心态使他们容易掉以轻心,延误治疗。

案例二中万万和表哥上山采蘑菇被毒蛇咬伤,他们没有分辨清楚毒蛇和蘑菇,造成了误抓毒蛇。被毒蛇咬到以后,家人没有第一时间把万万送到医院进行治疗,而是靠着听说的效果去找医生,耽误了治疗的最佳时机。

居民朋友们,去郊外游玩时,千万不要忘记人类的"蛇"朋友。还要借鉴案例中的经验教训,身边有人被毒蛇咬伤后,要尽量就地急救,并尽快送医治疗。

学习探讨

外出旅游,尤其是去山间自然景区旅游,被蛇咬伤的事时有发生。若是被无毒蛇咬伤则可无虞,若是被毒蛇所伤,情况就大不相同了。因此,被蛇咬伤后的第一件事便是迅速弄清是否是毒蛇所为,并立即采取现场治疗措施。

鉴别毒蛇

看蛇形。毒蛇的头多呈三角形,尾短而骤然变细,大多身上有彩色花纹;而无毒蛇头呈椭圆形,尾长而粗,蛇身均匀,色彩单调。

看牙痕。毒蛇与无毒蛇最根本的区别是:毒蛇有毒牙、毒腺,而无毒蛇则没有毒牙、毒腺。若是毒蛇所伤,皮表常有2~4个对称的牙痕,或在一排小牙痕上方有一对大牙痕;无毒蛇咬伤则无牙痕,或有两两对称的细小牙痕。

看伤情。由于蛇咬伤大多是在人惊恐、慌乱的情况下发生,伤者往往难以看清蛇的特征,故对伤情的鉴别十分重要。无毒蛇咬伤只在开始有些疼痛,以后逐渐减弱,而毒蛇咬伤的伤口则随时间的延长而痛感加剧或血流不止,同时局部会发生严重肿胀。

蛇毒的种类及危害

从毒蛇毒腺中分泌出来的毒液,其有毒成分即为蛇毒。不同种类的毒蛇,其蛇毒也不一样,归纳起来,可分为神经毒(如金环蛇、银环蛇、海蛇等的毒液),血循液毒(五步蛇、竹叶青、烙铁头、蝰蛇的毒液)及混合毒(蝮蛇、眼镜蛇和眼镜王蛇的毒液,含神经毒与血循毒两种)三类。

神经毒中毒临床主要表现为神经系统的损害,被咬伤的局部症状往往不很显著,可以不红、不肿、不出血,只是局部有些麻木,皮痒或轻微疼痛,但过1至3小时后,便会出现全身中毒症状。首先是周身不适、筋骨酸疼、乏力、发冷发热,随后行动困难、视力模糊、言语不清、声音嘶哑、吞咽困难,最后出现心律不齐、牙关紧闭、呼吸抑制、抽搐、血压下降、休克。病人往往因呼吸麻痹和急性循环衰竭而死亡。

血循毒中毒后,血液循环系统遭到破坏,局部剧烈疼痛,出血不止,伤口迅速肿胀,周围皮肤有水泡、血泡形成,组织坏死。由于症状来势急骤,易引起人们重视,大多能立即得到急救。中毒严重的病人，因心肌受损、出血、溶血，故可引起急性循环衰竭而死亡，但总体来说，中血循毒的比中神经毒的预后为好。

混合毒中毒临床表现为上述两者兼有，局部症状红肿疼痛，全身有各种神经症状，但造成死亡原因仍以神经毒为主，对心脏机能也有一定的损害。

毒蛇咬伤后的急救

被咬者要保持镇静，不要惊慌和快速奔走，以免加速毒液吸收和扩散。

1.结扎。被咬伤后要立即用止血带或橡胶带结扎伤口的近心端。结扎取绳子或树藤于肢体咬伤的向心端超一关节束扎，以阻止静脉血和淋巴液回流而不妨碍动脉血流为原则。每隔15分钟放松1至2分钟。目的在于阻断蛇毒的扩散。如伤在足背，则在踝关节上端和膝关节下端结扎；如伤在手背，则在腕关节上端和肘关节下端结扎。结扎紧度以阻断淋巴液回流为准。待急救处理结束后可以解除。

2.冲洗伤口，加快毒素排出。被咬伤后应立即用净水冲洗，有条件可用生理盐水或0.1%高锰酸钾溶液冲洗，以洗掉伤口表面毒液。冲洗伤口用清水或肥皂水自上而下冲洗，以洗去黏附于伤口周围的毒液，减少吸收。如伤口有毒牙残留，应及时挑出。用消毒的手术刀，按毒牙痕的方向纵切开。如无牙痕发现，则作十字形切口，切口不宜过深，只要能使淋巴液外流，促使毒液排出即可。随后可用拔火罐、吸引器或吸奶器等器械多次反复吸引。如无以上条件时，可直接用口吸吮，但吸吮者的口腔黏膜要无破损、牙龈无病灶。伤口吸引后要消毒处理，用口吸毒者要及时漱口。最后把患肢浸在约2%的冷盐水中,用手指自上而下地不断挤压,持续20到30分钟。然后湿敷伤口,以利毒液继续排出。

3.扩创排毒。在常规消毒局部麻醉后扩创,清除异物,使毒液排出。将火柴点燃,置于伤口上烧灼,以破坏浅表残留的蛇毒。因蛇毒为多肽和酶组成的毒性蛋白质,遇高温即凝固而失去原有的活性。

4.局部降温。早期冷敷被咬伤的肢体及伤口周围,以减慢毒液吸收。

5.送医院治疗。在进行以上处理的同时,要积极送患者到附近有救治条件的医院,给患者选用解毒药或应用对应的抗蛇毒血清对症治疗。

6.抗蛇毒血清治疗。有条件时,应首选相应的抗蛇毒血清治疗。抗蛇毒血清有多价和单价血清,根据蛇种选择,越早越好,且一次性用足剂量。常用的外敷、内服蛇药片如季德胜蛇药片,主治蝮蛇咬伤,有发汗、通利大小便功效,可减轻全身中毒症状。

生命寄语

每年的4月至10月,冬眠的动物就会苏醒,毒蛇也会频繁活动。天气炎热会使得毒蛇毒虫躁动不安,这时候它们的攻击性最强。居民朋友们夏季要注意避免家中大量种植绿色植物,门窗开启时尽量用纱窗隔离,防止毒蛇毒虫进入。外出时要注意防护。踏入草丛中时要用棍棒敲击地面或使劲跺跺脚,发出声响,让蛇提前藏匿或游走。万一和它不期而遇,被它咬伤也不要惊慌。不管它是否为有毒的蛇,不管伤口是否疼、痒,身体是否不适,都要按被有毒的蛇咬伤来急救处理。急救处理后尽快去医院向专业大夫描述它的外形及咬伤后的症状,并请专业大夫救治。

主题 27 落水自救与救助

典型案例

王相军,人称"西藏冒险王""冰川哥",他花费7年的时间,走过了萨普神山、梅里雪山、来古冰川、布加雪山等70余座冰川,收获了很多粉丝的关注。2019年12月6日,在西班牙马德里举行的第25届联合国气候变化大会上,王相军上台分享了他多年来的拍摄资料。2020年12月20日,王相军与同伴左某一起驾车到达嘉黎县尼屋乡依噶冰川旁边的空地拍摄视频,为追求视频效果,在王相军多次指导演示后,11时51分,左某按照王相军的要求,用手机拍摄他在岩壁上面小跑回头的动作时,王相军不幸失足落入水中。左某马上进行了施救,自己也滑入了水中,所幸通过自救爬了上来。随后,左某找附近工人前来营救,未果,便报警求助。警方接到报警后,立即组织各方力量开展全面搜救,王相军的家人也邀请社会力量进行搜救,但是事发地地形复杂、水流湍急,下游的冰层较厚,搜救队未搜寻到王相军。2020年12月26日,家人通过王相军的个人账号发消息宣布王相军去世。

案例分析

案例中的王相军,在西藏高海拔地区落水,由于当地的自然环境条件恶劣,气温较低、水流湍急、地形复杂、冰层较厚,最终导致了王相军落水搜救未果的情况。环境恶劣的情况下落水以后的自救尤其重要。在生活中,我们偶尔也会听到有人落水的事情,落水以后需要我们充分地发挥自身的能力和知识储备进行自救,同时要及时求助外部力量,尽快脱险。

生命探讨

炎热的夏天,清凉的河水给畅游其中之人带来欢乐享受之余,也潜藏着安全危机,时有发生的溺水事故给人们敲响了生命安全的警钟。

溺水自救

溺水是指大量水液被落水者吸入肺内,引起人体缺氧窒息的危急病症。溺水致死原因主要是气管、肺等呼吸器官内吸入大量水分,阻碍呼吸,或因喉头强烈痉挛,引起呼吸道关闭、窒息死亡。

那么,溺水后我们应该如何自救呢？

自己不熟悉水性意外落水,附近又无人救助时,首先应保持镇静。

1.落水后立即屏住呼吸,踢掉双脚上的鞋子,镶有假牙的人,应尽量将假牙取下,以防呛水时假牙落入食管或气管。然后放松肢体等待身体自行浮出水面,因为肺脏就像一个大气囊,屏气后人的比重比水轻,所以人体在水中经过一段下落后会自动上浮。当你感觉开始上浮时,应尽可能地保持仰位,使头部后仰。只要不胡乱挣扎,人体在水中就不会失去平衡。这样你的口鼻将最先浮出水面,可进行呼吸和呼救。呼吸时尽量用嘴吸气、用鼻呼气,以防呛水。除呼救外,取仰卧位,头部向后,使鼻部可露出水面呼吸。呼气要浅,吸气要深。因为深吸气时,人体比重降到0.967,比水略轻,可浮出水面(呼气时人体比重为1.057,比水略重)。此时千万不要慌张,不要将手臂上举,乱扑动,乱动只能使体力过早耗尽而使身体下沉更快。

2.如果落到水底,应先努力保持平衡,屏住呼吸用双脚踩在水底站住,朝着一个方向一步步向前走。

3.在你失去意识之前,一定要记住把鼻子捏住,这样水就只能通过食道进入胃,而不能通过气管进入肺,喝两口水不要紧,要紧的是水不能进入气管、进入肺。

4.只要能维持口鼻略浮出水面,能进行呼吸和呼救就可以了,以平静的心态等待救援者到来。千万不要试图将整个头部伸出水面,这将是一个致命的错误,因为对于不会游泳的人来说将头伸出水面是不可能的,这种必然失败的做法将使落水者更加紧张和被动,从而使整个自救功亏一篑。

5.当救助者出现时,落水者应尽量保持理智,绝不可惊慌失措地去抓抱救助者的手、腿、腰等部位,一定要听从救助者的指挥,让他带着你游上岸。否则,不仅自己不能获救,还会连累救助者。

6.会游泳的人发生溺水多是遇到了意外,其中手足抽筋是最常见的。抽筋主要是由于下水前准备活动不充分、水温偏冷或长时间游泳过于疲劳等。小腿抽筋时会感到小腿肚子突然发生痉挛性疼痛,此时可改用仰泳体位,先用单手抓住患侧的大脚趾朝背屈方向牵拉,然后按捏患侧腿肚子,即可缓解。若手腕部肌肉痉挛,可将手指上下屈伸,另一只手辅以按捏即可。经过长时间游泳自觉体力不支时,可改为仰泳,用手足轻轻划水即可使口鼻轻松浮于水面之上,调整呼吸、全身放松,稍作休息后游向岸边或浮于水面等待救援。相反,心慌意乱反而会造成周身肌肉的紧张,使体力过早耗尽而发生溺水。

7.在湖泊之中游泳时,由于对水情不熟,一旦发生水草缠足的情况,可深吸一口气潜入水下,迅速将缠足的水草解下,然后循来路退回,不可继续深入。在江河之中游泳,有时会遇到巨大的漩涡,此时应以最快的速度沿其切线方向游离漩涡中心,而千万不能采取直立踩水姿势,否则会被强大的漩涡吸入水下。万一被卷入水下,也应在入水前深吸一口气,争取以潜泳在水下奋力一拼,此时顽强的求生意志是你获救的唯一希望。

救助落水者

救护溺水者,应迅速游到溺水者附近,观察清楚位置,从其后方出手救援。或向落水者附近水面投木板、救生圈、长杆等,让落水者攀扶上岸。

1.水中救助

①对神志丧失的落水者,如果可能的话,可以游过去,使其面朝上并救至岸上,但要判断水流是否太急。如果水很深、很急,请找一条船去救落水者。如果此时周围没有船,只有你的游泳技能非常好的情况下才可以游过去,把落水者面朝上救助上岸。

②对神志清醒的落水者,用棍子、桨、绳子、毛巾或附近的船将其救上岸。切忌用手直接去拉落水者,除非你游泳技能十分高超,否则的话,落水者会把你拖入水中,并抱住你不放。这样的话,两个人都有丧生的危险。只有在你受过水中救助训练时

才可以下水救助。

③溺水者被救助上岸后,及时有效的现场急救(详见下述)对于挽救其生命至关重要。

2.冰上救助

①对神志丧失的落水者,如果你无法直接拉住落水者,可在树上绑一条绳子,并用它环绕捆绑在腰上,然后趴在冰面上向前移动着接近落水者并救起他。另外,可以几个人相互拉着去救助,而直接救助者应趴在冰面上。注意应尽可能地远离破冰处。

②对神志清醒的落水者,应告诉他抓住冰的边缘浮在那儿,不要自己试图爬上来,然后用木棍、绳子、梯子等工具或几个人拉成一队的方式去救其上岸。

3.出水后的救护

①将溺水者救上岸后,要立即清除其口腔、鼻咽腔的呕吐物和泥沙等杂物,保持其呼吸通畅。应将其舌头拉出,以免后翻堵塞呼吸道。取下其假牙,然后进行控水处理。

②救护人员可单腿屈膝,将溺水者俯卧于救护者的大腿上,借体位使溺水者体内水由气管口腔中排出。或将溺水者的腹部垫高,使其胸及头部下垂。或抱其双腿将其腹部放在急救者肩部,做走动或跳动"倒水"动作。

③恢复溺水者呼吸是急救成功的关键。如果溺水者呼吸心跳已停止,应立即进行口对口或口对鼻人工呼吸(心肺复苏术详见下述),同时进行胸外心脏按摩。有些农村将溺水者俯卧横趴在牛背上,头脚下悬,赶牛行走,这样又控水又能起到人工呼吸的作用。

④经现场初步抢救后,要迅速将溺水者转送到附近医院,在

转送途中即使他的呼吸、心跳已恢复,也不要间断人工呼吸与心脏按压。在急救的同时应迅速送往医院救治。

⑤溺水者一般在苏醒后 15 分钟到 4 天内出现严重肺水肿和肺炎,故仍需送医院治疗。

4.心肺复苏术

现场急救刻不容缓,心肺复苏术最为重要。

如果遇到溺水休克或突然丧失呼吸的病人,我们一方面拨打"120",另一方面可以采用心肺复苏术,即人工呼吸来实施现场救援。

首先,要保持气管通畅。若溺水者口中有呕吐物、分泌物或其他异物,要先取出,并清除。用手推其前额使头部尽量后仰,同时另一手臂将其颈部向前抬起。

接着,实施口对口(或鼻)呼吸。施救者用一手捏闭患者的鼻孔(或口唇),然后深吸一大口气,迅速用力向患者口(或鼻)内吹气,然后放松鼻孔(或口唇)。照此每 5 秒钟反复一次,直到患者恢复自主呼吸。

最后,建立人工循环。施救者以一手掌根部置溺水者胸骨下三分之一至二分之一处,双手重叠,手掌根部与胸骨长轴平行,双肩及上身压力置于手掌根部,垂直地向胸骨按压,压力大小使胸骨压下 3.5~5 厘米为宜,然后迅速放松压力,但手掌根要保持在原位置。按压要有节奏、压力均匀且不中断。

注意按压力要合适,切勿过猛。按压与放松时间大致相等,且按压与人工呼吸次数比例为 5∶1,即按压胸部五次,停一下,口对口吹气一次。

5.防溺水"十不准"

朋友们,在我们自身掌握一些溺水知识的基础上,还要加强对家中子女的管束,给他们多一些生命的保障。要求他们:不在无监护人管带时私自下水游泳;不要独自一人外出游泳;不到设置有"禁止下水(游泳)"标志的水域游泳;不随便到野外河流、湖泊、池塘等水域游玩;不去河道挖沙坑地带、水库主干渠、不熟悉水域以及深水区、冷水区、污染水域游泳;不在比较危险且易发生溺水伤亡事故的地段游泳、推拉玩闹、清洗衣物、打捞物品等;下水后不逞能,不贸然跳水、潜泳、互相打闹;不在急流和漩涡处游泳;不酒后游泳;不在恶劣气候条件下游泳。

生命寄语

游泳,是群众喜爱的体育锻炼项目之一。然而,不做好准备、缺少安全防范意识、遇到意外时慌张、不能沉着自救,极易发生溺水伤亡事故。游泳前多一分准备和清醒,就可以带给我们欢笑,更可以避免可能的后悔与遗憾。广大群众要本着对生命负责的精神,防患于未然。水无情,人有情。其实,只要注意各种游水、戏水事项,提高安全防范意识,了解一些游泳知识,掌握溺水后的自救、互救技能,溺水事件还是可以防止和避免的。

主题 ㉘ 室内火灾的预防和自救

典型案例

　　2021年3月9日11时15分,石家庄市消防救援指挥中心接到报警,位于长安区建设大街与范西路东南角的众鑫大厦发生火灾。这座大厦地上26层、地下3层,共有房屋622户。火灾发生以后,各级各部门的负责人立即赶赴现场,消防、公安、城管等部门共派出了消防车71辆、消防救援人员308名展开扑救。街道办事处的工作人员负责疏散群众,附近的主要交通道路全部采取了交通管制。消防救援人员到场后,利用举高消防车的办法压制火势,13时30分左右,火势得到初步控制,楼内的商户、工作人员以及附近楼内的居民全部都安全撤离,没有发生人员伤亡。

案例分析

　　案例中众鑫大厦着火处主要为外墙保温层,消防人员进入楼内,内外配合,人员全部被疏散,没有人员被困和伤亡。大楼着火,尤其是高层建筑,人员逃生是一个重要的问题。发生火灾,应该首先选择好逃生路线,不能乘坐电梯,切勿随意开门,注意躲避烟气。

生命探讨

　　俗话说"水火无情",那么,如何才能预防室内火灾,减少事故的发生？遭遇火灾后,我们又该如何火里逃生呢？这里,我们将通过学习火灾的预防与自救知识,期盼广大居民做到"三懂三会",即懂火灾的危害性、懂火灾的扑救方法、懂预防火灾的措施,会报火警、会使用灭火器、会逃生自救。

室内火灾的预防

我们要掌握防火基本常识,增强消防安全意识,提高自防自救能力,有效预防室内火灾的发生。

1.牢记火警电话"119",熟悉自己所在位置的安全通道。

2.使用空调、电视等家用电器后不要忘记关掉电源,经常检测室内电气线路、电器开关、插座是否发热,防止由于电线过热、老化等原因而引起电气火灾。液化气一旦发现燃气泄漏,应立即关闭气阀和炉具开关并打开门窗,不要开关室内任何电器或使用室内电话。

3.不要带电移动大功率电器,电器不可接近明火,遇电气故障要迅速通知专业维修部门来处理。

4.室内要配备家用小型灭火器。万一发生电气火灾,首先要迅速切断电源。未切断电源就使用灭火剂扑救,很可能会导致触电伤亡事故的发生。用干粉、气体灭火器灭火,切不可用水灭火,防止触电或者电器爆炸。如果是家庭液化气阀门或者皮管起火,不要恐慌,直接关闭阀门即可。如果火势过大,可以用湿毛巾和抹布猛力抽打阀门后关紧,并把液化气罐迅速搬离火灾现场。

5.在农村,要清理、搬迁房前屋后堆放的柴草。在城镇,不可在巷道乱搭乱建,平时要清理楼道杂物,保持疏散通道、安全出口、消防通道畅通。

6.不在宿舍使用明火和焚烧物品；不躺在床上抽烟，烟头不乱扔；不使用灯泡、电热器烤衣服、手巾等物。点燃的蚊香、蜡烛不能放在木质家具、床榻、纸箱等可燃物上，一定要做到人走火灭。

室内火灾的自救

火灾过程分为初起、发展、猛烈、下降和熄灭五个阶段。家庭火灾多为固体物燃烧。固体可燃物在火灾初起阶段火源面积小，烟和气体对流的速度较缓慢，火焰不高，燃烧释放出来的辐射热能较低。因此，火势向周围发展蔓延的速度较慢。

根据研究表明，建筑物在起火后5~7分钟内是扑救火灾最有利的时机。如超过此时间，火灾进入猛烈阶段，就必须依赖消防队来灭火，而人员就只有设法逃离。

是否能逃离，要看火场中的人是否掌握逃生的本领，这就是：

1.尽快拨打火警电话"119"，如果火势较大，尽快从安全通道撤离，并在自己撤离前通知其他人。

2.撤离中首先要防烟熏。大多数火灾死难者是因缺氧窒息和烟气中毒，而不是直接烧死。因此，当处于被烟火包围之中时，首要的任务是尽量用湿毛巾蒙住口鼻设法逃走。可采取俯身行走、伏地爬行方式，这样可减少烟毒危害。

3.楼房底层着火，住上层的人自然只能从楼梯跑。面对着火的楼梯，可用湿棉被、毯子等披在身上，屏住呼吸，从火中冲过去。一般人屏住呼吸在10~15秒钟内可跑25米左右。如逃出后身体衣服着火,简单的办法是用水泼灭或就地打滚。

4.如楼梯已被大火封住,应立即跑到屋顶通过另一单元的楼梯出来,也可从阳台抱住排水管或利用竹竿下滑逃生。若这些逃生之路也被切断,应退回屋内,关闭通往燃烧房间的门窗,并向门窗上泼水,以延缓火势发展,同时打开未受烟火威胁的窗户,抛出一些醒目的或落地有声响的物品,向楼外发出求救信号。

5.也可用绳或把撕开的被单连接起来,将其固定在物体上,顺其滑向楼下或逃至无火的楼层或地面。

6.坚决不可乘坐电梯,也不可贸然跳楼。只有消防队员准备好救生气垫并指挥跳楼时方可跳楼。若情况万分危急,距离地面四层以下时,也可往地上抛一些棉被、沙发垫等软物或往身体上裹上足够厚的棉被,再往下跳。

专家提示:

1.如果火势较大,离开前一定要警示并喊叫他人。

2.牢记距离自己最近的安全通道并从此撤退,千万不要乘普通的电梯逃生。

3.利用身边的绳索或床单、窗帘、衣服等自制简易救生绳,并用水打湿,沿绳缓滑到下面楼层或地面。

4.只有消防队员准备好救生气垫并指挥跳楼时,或距离地面四层以下且情况万分危急时,才可采取跳楼的方法。

公交车起火自救

1.及时利用安全锤

公交车内一般都会配有安全锤。紧急情况下,乘客可用安全锤击碎侧窗玻璃逃生。在公交车起火事故中,万一找不到安全锤也可以用身边的一些尖锐硬物,比如女士可以用高跟鞋的后跟,男士可用腰带扣,将玻璃敲碎逃生。

2.使用车载灭火器灭火

公交车内一般都配有灭火器,颜色醒目。当起火的程度很低时,司乘人员应该立即使用车载灭火器将火扑灭。如果不能解决,就立即拨打"119"求救。

3.转动放气阀打开车门

客车都有一个放气阀,通过顺时针方向转动放气阀,可切断门气路。在此状态下,车内或车外均可手动打开前后门,方便撤离。

4.打开天窗等逃生通道

旋转车顶天窗上的红色扳手将汽车天窗打开,乘客就可迅速逃生。同时,大部分空调客车车厢后部都设置了逃生门和逃生气窗,坐在车厢后部的乘客可就近迅速打开这两个通道逃生。

5.捂住口鼻保持呼吸通畅

乘坐公交车途中着火,一般人都会情绪激动,呼吸急促,从而加快吸入浓烟的速度。正确的做法是短时间内屏住呼吸,或用湿毛巾捂住口鼻,并尽快找到通风口或者砸开玻璃探头呼吸,增加存活概率。

生命寄语

隐患险于明火,防范胜于救灾,责任重于泰山。预防社区火灾、学习消防知识是居民不可或缺的一课。希望居民对火有更理性的认识,更多地学习和掌握消防安全知识,遵守各项防火制度,从根本上减少或避免火灾事故的发生。

主题 ㉙ 森林火灾的预防和自救

典型案例

2020年3月30日15时35分许,四川省凉山州西昌市护林防火指挥部接到报警电话,经过初步确认,火灾方向为凉山州大风农营厂。着火期间风势较大,很快蔓延至山上。州、市领导马上启动应急程序,调集专业扑火队伍300余人、应急民兵700余人进行扑救。但救援过程中因火场风向突变、风力陡增,致使山火爆燃,自救失效,导致参与火灾扑救的19人牺牲、3人受伤。这起森林火灾造成各类土地过火总面积3047.7805公顷,综合计算受灾森林面积791.6公顷,直接经济损失9731.12万元。

案例分析

四川西昌"3·30森林火灾"经过多方努力,最终扑灭。调查结果显示,这一次的大火着火原因为"110千伏马道变电站10千伏电台线85-1号电杆架设的1号导线预留引流线(长约1.9米),受特定风向风力作用与该电杆横担支撑架抱箍搭接,形成永久性接地放电故障(时长16分钟零3秒),造成线体铝质金属熔融、绝缘材料起火燃烧,在散落过程中引燃电杆基部地面的杂草、灌木,受风力作用蔓延成灾"。这一次大规模的山火给社会各界敲响了警钟,同时也提高了大家对森林火灾的认识。调查结果显示,此次山火起火初期处置不规范,相关人员应对仓促、乏力，准备不足，未能深刻理解"生命至上、安全第一"的思想，造成严重的损失。我们各级单位、我们每个人都要在思想上、行动上重视人民的生命财产安全，加强森林火灾的防范和救灾能力。

生命探讨

炎热夏日里，有很多人喜欢到各地的名山大川旅游避暑，掌握一定的森林火灾常识和应对技能对于保全生命财产安全是非常有必要的，同时这对于提高当地的森林消防安全也有着积极的促进作用。广大群众更需要掌握基本的扑火技能和安全避火知识，一旦被林火围困，要果断决策，迅速选择突围和避火路线，采取正确的避火方法，避免发生伤亡事故。

森林火灾的预防

森林火灾，是指失去人为控制，在林地内自由蔓延和扩展，对森林、森林生态系统和人类带来一定危害和损失的林火行为。森林火灾是一种突发性强、破坏性大、处置救助较为困难的自然灾害。森林火灾危害极大，那么，如何预防森林火灾的发生，降低其危害性呢？

1.具有一定的法律意识，知道如果是因自己的过错引发森林火灾的，应承担相应的法律责任。从自我做起，从小事做起，确保不因为自己的疏忽而引发森林火灾。

2.提高森林防火意识。无论是进入林区从事垦荒、采集、采矿等生产性活动，还是进入林区祭祀、旅游度假、狩猎野炊等生活性活动，都要时刻不忘森林防火。特别是在森林防火期内，在林区禁止野外用火;因特殊情况需要用火的,必须按照《森林防火条例》的有关规定,经过审批后方可进行。

3.进入林区,自觉向森林防火检查站交出随身携带的火种,自觉移风易俗,把上坟烧纸祭祖改为向先人敬献鲜花水果或种树,培养文明的风俗习惯。

4.乘车路经山区或林区的时候一定不要向车外扔烟头,一定要遵守"禁止使用明火"的规定。

5.在力所能及的范围内向自己的亲朋好友、周围的人民群众做好森林防火知识的宣传。农村、林区的放牧人员、农务人员,要改正焚烧玉米秸秆的不良习惯,不焚烧玉米秸秆、麦茬、杂草,尽量不抽烟,抽烟后烟头踩灭后方可离开。

6.早发现,早报告。发现森林火灾,要马上拨打火警电话"119",在没有电话的情况下,应大声呼喊或采取其他方法引起邻居、行人注意,协助灭火或报警。

遭遇森林火灾的自救技巧

在森林中一旦遭遇火灾,应当尽力保持镇静,就地取材,尽快做好自我防护,可以采取以下防护措施和逃生技能,以求安全迅速逃生:

1.森林火灾对人身造成的伤害主要来自高温、浓烟和一氧化碳,容易造成热烤中暑、烧伤、窒息或中毒,尤其是一氧化碳具有潜伏性,会降低人的精神敏锐性,中毒后不容易被察觉。因此,一旦发现自己身处森林着火区域,应当使用沾湿的毛巾遮住口鼻,附近有水的话最好把身上的衣服浸湿,这样就多了一层保护。然后判明火势大小、火苗延烧的方向,应当逆风逃生,切不可顺风逃生。

2.在森林中遭遇火灾一定要仔细观察风向的变化,因为这说明了大火的蔓延方向,这也决定了你逃生的方向是否正确。实践表明,现场刮起5级以上的大风,火灾就会失控。如果突然感觉到无风的时候,更不能麻痹大意,这时往往意味着风向将会发生变化或者逆转,一旦逃避不及,容易造成伤亡。

3.当烟尘袭来时,用湿毛巾或衣服捂住口鼻迅速躲避。躲避不及时,应选在附近没有可燃物的平地卧地避烟。切不可选择低洼地或坑、洞,因为低洼地和坑、洞容易沉积烟尘。

4.如果被大火包围在半山腰时,要快速向山下跑,切忌往山上跑,通常火势向上蔓延的速度要比人跑的快得多,火头会跑到你的前面。

5.按规范迎风突围。当风向突变、火掉头时,要选择草较小、较少的地方,用衣服(最好是湿衣服)包住头,憋住一口气,迎火猛冲突围。人在7.5秒内应当可以突围。千万不能与火赛跑,只能对着火冲。一旦大火扑来的时候,如果你处在下风向,要做决死的拼搏,果断地迎风对火突破包围圈。切忌顺风撤离。

6.按规范俯卧避险。发生危险时,如果时间允许,可以主动点火烧掉周围的可燃物,当烧出一片空地后,迅速进入空地卧倒避烟。或就近选择植被少的地方卧倒,脚朝火冲来的方向,扒开浮土直至露出湿土,把脸放进小坑里面,用衣服包住头,双手放在身体正面。

7.顺利地脱离火灾现场,在灾害现场附近休息的时候,要注意防止蚊虫或者蛇、野兽、毒蜂的侵袭。集体或者结伴出游的朋友应当相互查看一下大家是否都在,如果有掉队的应当及时向当地灭火救灾人员求援。

森林火灾的扑灭

扑火的基本方法有冷却法、隔离法和窒息法。

冷却法是指在燃烧的可燃物上洒水、化学药剂或湿土用来降低热量,使火熄灭。

隔离法是指采取阻隔的手段,使火与可燃物分离、使已燃的物质与未燃的物质分离。一般采取在可燃物上面喷洒化学药剂,或用人工扑打、设置隔离带、采用高速风力、提前火烧、湿度爆破等办法开设防火线(带)等,使火与可燃物、已燃烧的可燃物与未燃烧的可燃物分隔。

窒息法是指通过隔绝空气使空气中的含氧率降低而使火熄灭。一般采用机具扑打、用土覆盖、洒化学药剂、使用爆破等手段。

小资料

大兴安岭特大森林火灾

自地球出现森林以来,森林火灾就伴随发生。全世界每年平均发生森林火灾20多万次,烧毁的森林面积约占全世界森林总面积的1‰以上。

1987年5月6日发生的黑龙江省大兴安岭特大森林火灾于6月2日扑灭,共计燃烧了28天。共5.8万军民参与扑火,其中解放军3.8万人,森林警察、消防警察和专业扑火队2100多人,当地群众、林业职工近2万人。出动汽车1600多辆、飞机96架

(1542架次、2175小时),使用风力灭火机3600多台、干粉灭火弹16万枚、干粉灭火剂102吨、人工降雨飞机4架(16架次),使用干冰1000千克、碘化银炮弹4000发,降雨面积2万平方千米。化学灭火飞机使用化学灭火药剂82吨,还调用各种手工工具34512件,空运机降灭火人员2400多人。大火波及漠河县的西林吉、阿木尔、图强三个林业局和古莲、河湾、依林、育英、奋斗、长樱等林场,塔河县的马林、盘中等林场。

这次大火是中华人民共和国成立以来烧林面积最大、伤亡最惨、损失最重的一次,烧毁粮食162.5万千克。烧毁房屋61.4万平方米,其中民房40万平方米。受灾群众10807户56092人,烧死193人、伤226人。过火面积101万公顷,其中有林面积70万公顷,烧毁贮木场存材85万立方米。烧毁各种设备2484台,其中汽车、拖拉机等大型设备617台。烧毁桥涵67座,铁路专用线9.2千米,通信线路543千米,输变电线路284千米。损失达5亿多元,且不包含扑火所用人力、物力、财力的耗费以及停工停产的损失和森林资源的损失。至于火灾给生态环境带来的影响,更是无法用金钱来计算的。

生命寄语

火是人类的朋友,它给我们带来了光明和温暖,带来了人类的文明和社会的进步。另一方面,星星之火,可以燎原。火如果失去控制,酿成火灾,就会给我们造成巨大的损失。如果广大群众喜欢到大自然中去享受绿色,那么不要忘了大自然也有发脾气的时候。掌握一定的森林火灾自救常识和基本技能,会让你的旅程更加安全。

主题 ㉚ 烧烫伤急救

典型案例

2019年5月8日早上，楠楠（化名）吃完早饭就在屋里跑来跑去地玩。奶奶在打扫房间，她则在奶奶的后面紧跟着玩耍。奶奶给楠楠凉了一杯开水，想着凉好了给她喝。滚烫的开水倒好，奶奶刚一转身，楠楠就跑过去伸手够水杯，一下子把水杯碰倒了，瞬间滚烫的开水洒到了楠楠身上。楠楠大哭。奶奶看见孙女哭，急坏了，马上把她的衣服脱下来，用冷水给她擦上身。可是奶奶没有发现，热水不仅洒到了身上，腿上也洒了不少，还有好多泡。奶奶想起来之前听人说过用炉灰能治烫伤，就马上把灶台下的炉灰涂到了楠楠大腿上，但是楠楠哭得更厉害了。奶奶赶紧把孩女送到了卫生院，卫生院进行了消毒处理，清理炉灰，并建议送至专业医院进行治疗。于是，楠楠被送到了哈尔滨市第五医院烧伤科进行治疗。医生为楠楠进行了清创换药处理。经过清创后确诊，楠楠为右腿高温烫伤，面积12%，深度二三度，并且破溃部位伴感染。

典型分析

案例中的楠楠受伤以后，奶奶错误地相信了"偏方"，从而导致伤口感染，贻误了最佳的治疗时机。经了解，烧伤医院门诊处接诊的孩子经常会出现"偏方"治疗，涂牙膏、涂炉灰、涂酱油等情况都有发生。这往往会加重伤情，对伤口有害，会造成创伤面感染。烧伤、烫伤以后,切记第一时间要用流动的冷水反复冲被烫伤部位,并送医诊治。

生命探讨

生活中,烧伤、烫伤难免会发生。烧烫伤的康复治疗也给广大居民造成了非常大的困扰,有些人甚至用一生来治愈童年时烧伤造成的伤害。那么,居民了解一些烧烫伤急救知识,尤其是幼儿防烫伤知识与急救知识是非常必要的。

烧伤急救

1.灭火

火灾中人身上着火时,切勿奔跑,以免助长火势。可用双手掩住脸部就地卧倒不断地滚动,用棉被或大块布巾包住灭火。条件允许的话,也可用其他方法灭火。

2.降温

等火熄灭后,烧伤者如果穿着衣服,可让烧伤者先泡到浴缸里把衣物脱掉,接着再用盆或浴缸中的水浸泡烧伤的部位,用自来水大量冲淋,让伤口降温。一般有 30 分钟到 1 个小时左右的降温时间即可。烧伤面积大或年龄较小的烧伤者,不要浸泡太久,以免体温下降过度造成休克而延误治疗时机。

3.送医

经灭火、降温处理过的烧伤者,尤其当烧伤者意识不清或叫不醒时,要立刻送往医院。

烫伤了怎么办？

生活中发生烫伤,可以采取以下几种措施：

1.冷水冲。对只有轻微红肿的轻度烫伤,可以用流动的冷水(比如自来水)反复冲,再涂些清凉油就行了。

2.纱布盖。烫伤部位已经起小水疱的,不要弄破它,可以在水疱周围涂擦酒精,用干净的纱布包扎。

3.送医院。烫伤比较严重的,应当及时送医院进行诊治。

4.脱衣物。烫伤面积较大的,应尽快脱去衣裤、鞋袜,但不能强行撕脱,必要时应将衣物剪开。烫伤后,要特别注意烫伤部位的清洁,不能随意涂擦外用药品或代用品,防止受到感染,给医院的治疗增加困难。正确的方法是脱去患者的衣物后,用洁净的毛巾或床单将患者包裹起来。

幼儿防烧烫伤及急救

1~5岁年龄段的幼儿最容易烫伤,此年龄组占整个小儿烫伤的三分之二左右。居民如何防止幼儿烫伤呢？

1.知险避险。打着打火机或点燃煤气,让幼儿的手安全地从火焰上空拂过,让他感受火烧的温度,并反复强调"烧、烧、烧,不能碰"。倒一杯热水,拧住盖,让孩子用手摸下瓶子外面,让他感受烫的感觉,反复强调"烫,不能碰"。以后倒热水,反复对他说："烫,不能碰。"热水瓶、打火机等物品应放在幼儿不容易碰到的高处。

2.剪衣物。幼儿被烫伤后,立即轻轻地脱去被热液浸透的衣服,或是用剪刀剪开覆盖在烫伤处的衣服、鞋袜等。如果衣服和皮肤粘在一起时,先将未粘着的衣裤剪去,粘着的部位不可用力拉脱,待去医院处理。

3.冷水冲。如果手、足部位烫伤,应立即用流动的冷水冲洗,并浸泡在冷开水或干净凉水中30分钟,以减轻水肿和疼痛。水温越低越好,但不能低于-6℃。

4.冷巾敷。如果是脸或额部烫伤,不能用凉水冲洗,可以用几条冷毛巾轮流进行湿敷。

5.送医院。冷水冲洗后马上送医院医治,不要在冲洗后的创面上涂任何东西。

6.纱布盖。如果伤面上出现了水疱,要用纱布包扎盖住。要告诫并看住幼儿,不要让幼儿将水疱弄破,以免造成感染。水疱较大或水疱已破的,应到医院消毒处理。

生命寄语

我们永远不知道意外和明天哪个先来到我们身边。火灾猛于虎,火灾后烧伤患者的康复治疗也尤为重要,烧伤面积与生存概率成反比,保持良好心态和旺盛的求生欲,配合医生正规治疗。要明白:活着,才有希望。生活中的烫伤多发于幼儿。记住"冲、脱、泡、盖、送"(凉水冲、脱衣物、凉水泡、纱布盖、送医院)五字诀,可以让孩子得到及时有效的救治。

主题 ㉛ 地震的求生与急救

典型案例

2008年5月12日14时28分4秒,汶川发生了8级大地震,震中位于四川省阿坝藏族羌族自治州汶川县映秀镇。截至2008年9月25日,"5·12"汶川地震共计造成69227人遇难、17923人失踪、374643人不同程度受伤、1993.03万人失去住所,受灾总人口达4625.6万人。值得注意的是,在这次地震中,四川安县桑枣中学全校2300余名师生全部安全撤离,无一人伤亡。校长叶志平是四川省优秀校长,学校的教学楼建设初期达不到要求,无人验收。他担任校长以后,对教学楼进行重新修缮加固,以保证师生的安全。同时,每周学校要组织学生进行疏散演习,每周二是学校规定的安全教育时间,老师会专门讲交通安全和饮食卫生等。地震发生以后,全校2200多名学生、上百名老师,从不同的教学楼和不同的教室中,全部冲到操场,以班级为单位站好,用时1分36秒,创下了奇迹。

案例分析

四川汶川大地震震级为8级,是中华人民共和国成立以来破坏性最强、波及范围最广、灾害损失最重、救灾难度最大的一次地震。在这次地震发生以后,安县桑枣中学的师生全部安全撤离,创造了奇迹。这场奇迹出现的原因是该校多年重视安全。首先是校长以师生的安全为己任,上任以后加固学校的教学楼,保证固件安全;其次学校还组织开展培训和疏散演练,保证思想重视;最后也是最重要的是师生执行到位,保证成效落地。社区也应学习桑枣中学的做法,定期检查所辖小区房屋坚固程度,对需要修缮加固的进行修缮加固,平时多开展地震疏散演习,让居民熟悉防震知识,熟练掌握如何从安全通道撤离。当地震来临时,确保最大程度减少人员伤亡,保证人员顺利撤离至安全地带。

生命探讨

地震又称地动、地振动,是地壳快速释放能量过程中造成振动、产生地震波的一种自然现象。大地振动是地震最直观、最普遍的表现。在海底或滨海地区发生的强烈地震,能引起巨大的波浪,称为海啸。

地震是一种危害性较大的自然灾害,从发生到建筑物被毁坏平均只有12秒。地震除可造成楼宇倒塌、火灾及地震过后的瘟疫外,更严重的是可致使大批人员伤亡。那么我们该如何在震中求生与急救呢?

地震中的自救技巧

1.当大地震突然而至,若开始时震级不高,人们应当迅速离开建筑群,分散到空旷的场地上去。

2.如来不及撤离建筑物,千万要冷静。要充分利用建筑物内的避震有利部位,不要躲在桌子、床铺下,而要以比桌、床高度更低的姿势,躲在桌子床铺的旁边。如果桌子、床足够结实,不至于被砸变形的话,也可躲在其下。或逃往小跨度的厨房、厕所、小房间、墙角,躲避到一个三角生存空间并护住头部。然后试着寻找通气口与出口,并寻机迅速脱离倒塌的房屋废墟。

3.若被坍塌的房屋埋没或砸伤,始终要保持镇静,分析所处环境,寻找出路。在等待救援的同时进行自救。不少人并不是因房屋倒塌而被砸伤或挤压致死,而是由于精神崩溃,失去生存的希望,乱喊、乱叫,在极度恐惧中扼杀了自己生存的可能性。

争取将双手从压塌物中抽出来,以清除头部、口鼻及胸前的灰土,保持正常的呼吸。在没有听到挖掘声及寻呼声时,不要大呼大叫或无谓地翻滚折腾,这样会加速人体新陈代谢,增加耗氧量,还会吸入大量烟尘而致窒息。尽量用砖块、木棍等支撑残垣断壁,稳定生存空间。还要寻找水和食物,必要时喝自己的尿液也可延续生命。听到地面有人时,应用硬物敲击能产生声响的物体,如铁管、墙壁,发出求救信号。

4.强烈地震发生时,如果你正在地下停车场,千万不要留在车内,以免塌下来的天花板压扁汽车,造成伤害;应该以卧姿躲在车旁,掉落的天花板压在车上,不致直接撞击人身,可能形成一块生存空间,增加存活机会。

地震中的伤员急救

1.止血。固定砸伤和挤压伤是地震中常见的伤害。开放性创伤,外出血应首先止血,抬高患肢,同时呼救。若是颈部或背部受伤,则不可轻举妄动,要平缓地将伤者平移到担架上,切不可生拉硬拽,伤及脊椎里的神经。对开放性骨折,不应作现场复位,以防止组织再度受伤,一般用清洁纱布覆盖创面,作简单固定。不同部位骨折,按不同要求进行固定并参照不同伤势、伤情进行分类、分级,送医院进一步处理。

2.妥善处理伤口。挤压伤时,应设法尽快解除重压,遇到大面积创伤者,要保持创面清洁,用干净纱布包扎创面,怀疑有破伤风和产气杆菌感染时,应立即与医院联系,及时诊断和治疗。对大面积创伤和严重创伤者,可口服糖盐水,预防休克发生。

3.防止火灾。地震常能引起许多其他灾害,火灾是常见的一种。在大火中应尽快脱离火灾现场,脱下燃烧的衣帽,或用湿衣服覆盖身上,或卧地打滚,也可用水直接浇泼灭火。切忌用双手扑打火苗,否则会使双手烧伤。应用消毒纱布或清洁布料包扎后送医院进一步处理。

4.同时要预防破伤风和气性坏疽。要尽早深埋尸体,注意饮食饮水卫生,防止大灾后的大疫。

地震发生前预兆

地震发生前,会有些预兆,比如马等牲畜会挣脱缰绳,并疯狂地往外跑;正在冬眠的蛇会涌出洞外;蜜蜂会惊飞、逃窜;狗会狂吠;老鼠成群结队搬家……这些预兆可以让人们提前知道将发生地震。如果发现这些动物有这些反常现象,须先辨别真假,再向地震局报告,以防在先,及早应对。

生命寄语

我国是世界上主要的"气候脆弱区"之一,自然灾害频发,分布广、损失大,是世界上自然灾害最为严重的国家之一。因此,防震减灾工作任重道远。居民朋友们要胸怀远大理想,肩负起防灾防震从我做起的历史使命。一方面要继续坚持"预防为主"的基本原则,学好防震减灾知识,提高防震减灾意识;另一方面要运用学到的防震减灾知识保护好我们的家园——地球,如保护森林,种植树木,保护水土,节约用水,以减少各种自然灾害的发生。保护地球便是保护我们自己。让我们行动起来,共同防止灾害的发生,让明天的地球更加安全,更加光明,更加灿烂!

主题 ㉜ 洪水、泥石流与山体滑坡

典型案例

2020年入汛以后,我国南方地区发生多轮强降雨过程,多地发生较重洪涝灾害。"2020年中国南方洪涝灾害"被应急管理部公布为2020年全国十大自然灾害之一。2020年7月,由于长时间的降雨影响,四川省阿坝州的降雨量已经创下了新高。7月6日,阿坝州小金县宅垄镇元营村城隍庙沟吉峰沙场发生山洪引发的泥石流灾害。灾害发生以后,当地消防、公安等部门的140余人立即投入紧张的搜救当中。救援人员利用生命探测仪对建筑埋压区域进行生命迹象探测,搜寻被困人员,同时用树干搭建简易桥梁,疏散人群至安全地带。此次灾害共造成3人死亡、1人失联、17户57人受灾,安全转移安置受灾群众53人。

案例分析

2020年入汛以后,南方多地均发生了多轮的强降雨天气,雨水量较大,这就容易造成洪水、泥石流和山体滑坡。在雨水较大的时候,应当尽量避免外出。遇到洪水,要沉着应对,快速转移。为避免泥石流和山体滑坡,应当选择待在空旷的地方,避免过河。

生命探讨

洪水泛滥就会形成洪涝灾害。地震过后往往伴随着泥石流。连续长时间降雨后,也可能会发生泥石流。暴雨过后山谷中若出现雷鸣般的声响,预示将会有泥石流发生。泥石流会以极快的速度,发出隆隆巨响穿过狭窄的山谷,倾泻而下。它所到之处,墙倒屋塌,一切物体都会被厚重黏稠的泥石所覆盖。山坡、斜坡的岩石或土体在重力作用下,失去原有的稳定性,可能会形成山体滑坡。

洪水灾害

洪水灾害是指由于暴雨、急剧的融冰化雪、水库垮坝、风暴潮等原因,使得江河、湖泊及海洋的水流增大或水面上涨,超过了一定限度,漫过堤坝,淹没农田、村庄,冲毁道路和房屋,给人类社会带来灾害的自然现象。

洪水按地区可分为河流洪水、融雪洪水、注川洪水、冰凌洪水、雨雪混合洪水、溃坝洪水等六种。我国河流洪水大都是暴雨引发的,多发生在夏、秋季节,南方一些地区春季也可能发生。以地区划分,我国中东部地区以暴雨引起的河流洪水为主,西北部地区多融雪洪水和雨雪混合洪水。1998年长江大洪水灾害和1998年嫩江、松花江特大洪水灾害都是由暴雨形成的。

洪水泛滥就会形成洪涝灾害。它不仅严重威胁着有关地区人民的生命财产安全,而且对社会经济发展产生深远的不良影响。虽然防治洪水灾害已成为世界各国重要的公共安全保障事业,但根除是很困难的,洪水灾害至今仍是世界上影响最大的自然灾害。因而，我们必须做好应对洪水灾害的各种防范工作，最大限度地减少洪水带来的危害及损失。

遭遇洪水的自救

1.洪水来了，要迅速向山坡、高地、楼房等高处转移。如果遇到山洪暴发，当水深超过膝盖，单个人不能过河；当水流已达齐腰深度时，众人也绝不能过河。如果发生被河水冲倒的意外情况，头脑要保持清醒，想办法抓住河中漂浮物或岸边树根、树杈等，尽快脱险。

2.如果大水已经进了房内，要急速爬上房顶、墙头或就近的大树，暂时避难，等待救护人员转移，不能只身游水转移。假如没有大树、院墙，又一时爬不上房顶，应抓住固定物不放，并呼救他人搭救脱险。

3.如果洪水继续上涨，暂时躲避的地方已经不再安全，要充分利用事先备好的船只、救生器材逃生，或者迅速找一些门板、床板、大块的泡沫塑料等漂浮物，做水上转移的工具。不要企图游泳逃生，不可攀爬电线杆、铁塔，也不要爬到泥坯房的屋顶。

4.千万不能冒险强行通过河流水急、正在坍塌的桥面。绝对不能强行通过被拦腰切断并有急流通过的道路。

5.若高压线铁塔倾倒，发生电线低垂的情况，不能用手、身体接触电线；遇到低垂电线已被洪水冲打或电线横垂路面时，一是要远离，绝不能侥幸通过；二是要报告有关部门，及时抢修。这些情况都很可能发生触电事故，所以我们只能在安全的地方"暂时避难"。

6.当水深小于1米，水势涨落不太明显，且必须急着过河时,可由成人组织数人过河,并采取如下措施:用长绳或书包带、水壶带系住每人腰部,队伍呈一字排开,手与手之间要拉紧,采取同水流方向斜插的方式过河,以减小水流阻力。

遭遇泥石流的自救

泥石流是一种突然爆发的、破坏性极大的特殊洪流。大家去野外旅游或露宿,如何躲避泥石流呢?离泥石流发生地较远处的安全高地和河谷两岸的山坡高处可以躲避泥石流。野外露营时避开有滚石和大量堆积物的山坡下方,选择平整的高地露宿可以有效地避免遭遇泥石流。

万一遇到泥石流,脱险逃生的办法有:

1.立刻向河床、山谷两岸高处跑。沿山谷徒步行走时,一旦遭遇大雨,发现山谷有异常的声音或听到警报时,要立即向坚固的高地或泥石流的旁侧山坡跑,不要在谷地停留。

2.向与泥石流成垂直方向的两边山坡高处爬。发现泥石流后,要马上向与泥石流成垂直方向一边的山坡上面爬,爬得越高越好、跑得越快越好,绝对不能向泥石流的流动方向走。

3.来不及奔跑时要就地抱住河岸边上的树木。

4.一定要设法从房屋里跑出来,到开阔地带,尽可能防止被埋压。

遭遇山体滑坡的自救

山体滑坡是指山体斜坡上某一部分岩土在重力作用下,沿着一定的软弱结构面产生剪切位移而整体向斜坡下方移动的作用和现象。在暴雨季节,有些山体长时间被雨水浸泡,表面山石

和泥土松动后容易产生山体滑坡。遇到山体滑坡,脱险逃生的办法有:

1.发生山体滑坡时,要马上向垂直于滑坡的方向跑。

2.如果正处在滑坡的山体上,可以向滑坡方向的两侧逃离,并尽快在周围寻找安全地带。当无法继续逃离时,应迅速抱住身边的树木等固定物体。

3.遇到山体崩滑时,可躲避在结实的遮蔽物下,或蹲在地坎、地沟里。应注意保护好头部,可利用身边的衣物裹住头部。不要再闯入已经发生滑坡的地区寻找损失的财物。

4.要选择平整的高地作为营地,尽可能避开有滚石和大量堆积物的山坡下面,不要在山谷和河沟底部扎营。

5.不要在滑坡危险期未过就回发生滑坡的地区居住,以免滑坡再次发生带来危险。

6.必须在确认自家的房屋远离滑坡区域、完好安全后,方可进入生活。

生命寄语

当我们面对无情的重大自然灾害时,会觉得束手无策。想要远离灾难并减轻伤害,必须了解灾害、了解风险、了解逃生技巧。所以,大家要抱着"防灾减灾从我做起"的态度,抽些时间学习防灾避险、自救互救、有效处置自然灾害的知识,掌握基本的逃生自救方法,最大限度地减少自然灾害造成的损失和伤害。大家要保护环境,积极参与;防灾减灾,从我做起;珍惜生命,减少损失。我们的明天将会更加美好。

主题 33 预防雷击

典型案例

2020年6月6日下午4时30分,家住深圳市流塘社区的周女士和家人在市场上买完菜回到家中。刚进了厨房准备放下菜,外面一道闪电击中了厨房的雨棚,形成了一个火球,火球击碎了窗户玻璃,一路窜进了厨房,之后一路冲向了客厅的大门,最终将大门击毁。这一次的雷击事件,造成了周女士全身近40%的皮肤烧伤,小女儿的腿部、眉毛以及头发被热浪灼烧和烤焦,家里的大门、室内的门帘等也有明显的燃烧痕迹。事故发生以后,社区的工作人员随即开展了建筑物防雷装置检查、完善工作。

案例分析

案例中周女士的事故原因为雷击。周女士所住的小区,安装了防雷装置,但事故发生后该小区的防雷装置被检测为不合格,周女士房屋消防用电符合安全标准。这一次雷击产生的火球造成的严重后果,促使物业以及社区的相关工作人员加强了防雷装置的检查,加大了防雷的科学宣传。同时社会上也加大了对群众防雷的安全知识教育,普及了在户外碰到雷电天气的应对措施。

生命探讨

雷电是大气中的一种自然现象,大气不完全呈分子或原子状态,经常是带电的,正负电荷之间的放电现象,就形成了闪电,并发出雷声。一次雷电所产生的电压可高达几万伏,甚至几十万伏,被雷电击中的人和物都会受到严重的甚至是毁灭性的破坏。雷击灾害会造成哪些严重后果呢?我们如何躲避雷电,将雷击灾害的危害降到最低呢?

雷击灾害的危险

雷击灾害在城市和农村是截然不同的。

1.农村雷击伤人畜

农村地势开阔,高层建筑较少,人往往暴露在雷击范围内,雷击主要造成人员伤亡、房屋倒塌等灾害。

地球所带的电荷高达 50 万库仑以上,整个地球表面所含的电荷均是负电荷,所以,雷电很容易接触到地表,雷电与地面间就形成一个通道电流回路。此通道电流极大,平均可达几万安培,而且直径甚微,只有几平方厘米到几十平方厘米,这样空气柱必然被烧、被炽白。雷电时的温度高达 2 万摄氏度,所以,常见的闪电颜色是白的。若人或牲畜恰巧处在雷电通道电流内,就必定会被击伤、击死。加之上万摄氏度高的温度短时猛烧,所以,被雷电击死的人身上往往会出现一片片焦糊斑迹。

那么,为什么受害人的衣服未燃烧呢?这是因为一次雷击时间仅有百分之几秒,衣服在这么短的时间内是不可能燃烧的。又因雷电通道电流范围很小很小,一个人的一只脚所站的面积至少也有200平方厘米,这就是说一般只有一个人或一个人的半只脚底板处在雷电通道电流范围内,所以如果几个人在一起,也往往只击死其中某一个人。

2.城市雷击毁电器

城市的防雷措施较好,高层建筑多,雷击伤人事件很少。但城市内各种电子元器件较多,易受雷击。一些高压电线、通信线路、计算机网络线路、家用电器等物品有可能损失严重。

雷电发生的瞬间,会在电源线、电话线、网线等金属体上产生感应电动势。当雷电离这些金属线越近,雷电的强度越强,则金属线感应的电动势就越高。足够强的感应电压,能将与金属线连接的设备内的某些易损电子组件击穿,这就是我们说的设备被雷电击中了。所以,即使这些设备关着电源,也有可能被雷电击中。

预防雷击

1.如果遇到雷雨天气,一定要注意躲避雷击,一般不要走出大门或留在户外。千万不要到高耸的物体如旗杆、高树、尖塔、电杆下去躲避,应当寻找能给人提供防雷保护的建筑物、构筑物、车辆或者其他掩蔽物进行躲避,如采取防雷保护措施的住宅或其他建筑物;地下掩蔽场所,如地铁、隧道和洞穴;大型金属或金属框架建筑物;已加保护的大型建筑物;具有金属车顶和车身封闭的汽车;封闭的火车和市内有轨电车;封闭的金属小船或大轮船;采取防雷保护措施的船只等。

2.如果在屋内躲雨,不要靠近门、窗,也不要靠近暖气管和自来水管,不要使用电话和手机,不要使用淋浴头洗澡,最好不要靠近建筑物的外墙以及电气设备、线路。

3.如果在野外无处躲避,应立即蹲下,双脚并拢,双臂抱膝,头部下俯,尽可能降低身体的高度,切勿躺在地上,也不能把手放在地上。手中若有金属物,要迅速抛到较远处。不宜在旷野高举雨伞等可能导电的物品。

4.如果在户外没有找到躲避雷电的安全地点,应寻找低洼地区,避开山顶和高地;寻找茂密树林,避开孤立树木;寻找位于低洼地区的建筑物、帐篷和掩蔽所,避开位于高地不加保护的建筑物和掩蔽所。

5.雷雨天气应关掉家中所有电器的电源,尽可能将电器上的电源线、信号线、电话线等拔掉,尤其是接近外墙的地方。

雷击后的急救

通常被雷击中的受伤者被雷电的电火花烧伤只是表面现象,最危险的是对心脏和呼吸系统的伤害。受伤者常常会心脏停搏、呼吸停止,这实际上是一种"假死"现象。如不能及时得到救治,受伤者就会因缺氧死亡。天空中的闪电发生短暂,雷电击中人后电流已经通过人体泄放到大地,受伤者的身上是不带电的,所以接触受伤者对其进行抢救是没有触电危险的。

1.急救时要将受伤者平放在地,进行口对口的人工呼吸。雷击后进行人工呼吸的时间越早越好,因为人脑缺氧时间超过十几分钟就会有致命危险。尽量在4分钟内以心肺复苏法进行急救,让受伤者心脏恢复跳动,为下一步抢救争取时间。

2.对受伤者进行心脏按压,并迅速通知"120"急救中心,尽快由专业人员对受伤者进行有效的处置和抢救。如果遇到一群人被闪电击中,那些正在呻吟的人不要紧,应先尽快抢救那些已无法发出声息的人。

3.如果伤者身上衣服着火,马上让他在地上翻滚以扑灭火焰,使火焰不致烧及面部,防止伤者死于缺氧或烧伤。也可往伤者身上泼水,或者用厚外衣、毯子裹住伤者扑灭火焰,或让伤者趴在有水的洼地、池中熄灭火焰。然后用冷水冷却伤处,清理包扎伤口。伤者切勿带火奔跑,这样火会越烧越旺。

手机如何防雷击

1.尽量避免雷雨天气使用手机拨打电话。雷电时很容易通过手机的信号途径影响或干扰手机内部的工作芯片,而它承受的电流有限。避雷针只能保护建筑物,但对沿架空电线、电话线侵入的雷电波却无能为力。在雷电快要发生的时候应该马上停止正在拨打的电话,这样手机工作时建立起来的无线信道就会被封闭起来,自动切断。尽量不要接听和拨打手机,普通电话也应避免在雷击时使用。

2.雷雨天时不要使用手机上网。不要使用调制解调器或ADSL设备,最好把电脑的电源插座拔掉,另外应确保计算机有良好的接地线路。家用电器最好装上避雷器。不要把裸露金属线从室外拉到室内。

3.雷雨天时最好把手机关掉。手机在开机状态也会产生微弱的电磁场,也能引来雷电的袭击。手机充电时也很容易引起雷电感应,应切断电源关闭手机。

防止触电

电和其他事物一样具有两重性,一方面给人类带来光明和温暖,带来了健康和智慧,从而促进了人类物质文明的不断发展;另一方面又是一种具有很大破坏性的多发性灾害。随着人们在生产生活中用电的不断增多,由于人们用电管理不慎,或者设备故障等原因产生的火灾,对人类的生命财产安全构成了巨大的威胁。

随着生活水平的不断提高,生活中用电的地方越来越多了。因此,我们有必要掌握以下最基本的安全用电常识:

1.认识了解电源总开关,学会在紧急情况下切断总电源。

2.不用手或导电物(如铁丝、钉子、别针等金属制品)去接触、探试电源插座内部。

3.不用湿手触摸电器,不用湿布擦拭电器。不要用湿手、湿布触摸、擦拭电器外壳,更不要在电线上晾衣服或悬挂物体,不要将电线直接挂在铁钉上。

4.电器使用完毕后应拔掉电源插头;插拔电源插头时不要用力拉拽电线,以防止电线的绝缘层受损造成触电;电线的绝缘皮剥落,要及时更换新线或者用绝缘胶布包好。发现绝缘层损坏的电线、灯头、开关、插座要及时报告,请专人检修,切勿乱动。

5.发现有人触电时,要先使触电者尽快脱离电源,再采取其他抢救措施。发现有人触电要设法及时切断电源,或者用干燥的木棍等物将触电者与带电的电器分开,不要用手去直接救人。儿童遇到这种情况,应呼喊成年人相助,不要自己处理,以防触电。

6.儿童不要随意拆卸、安装电源线路、插座、插头等。哪怕安装灯泡等简单的事情,也要先切断电源,并在家长的指导下进行。

7.远离高压带电体。

生命寄语

  电闪雷鸣是自然现象,在我们生命里年年都不会缺席,我们也都习以为常。这习以为常里其实暗藏危险。很多人敬畏雷电、害怕雷电,只是怕雷电的气势,怕电闪雷鸣带来的昏暗。其实,雷电真正可怕的是它带来的强大电力,这个力量能击穿我们的身体,击毁高大的建筑。为了我们宝贵的生命,我们应该对雷电这个年年都离不开的"客人"多多了解,知道它的轨迹实质,明白它的危害性。更要熟记于心的是雷电来临之际,我们根据周围环境怎么选择最好的自我保护方式。

  自然现象我们没有能力阻止,没有能力改变,但是我们可以了解它、防范它的危害。居民平时应多学习应急方法,相关部门也应该在平时做好相应的防范措施,把各种设施检查到位,让我们的生命多一些安全保障。

  雷电天气给大家出行带来诸多不便。雷电来袭更是直接威胁到人们的生命财产安全。这就需要大家一定要增强安全意识,了解雷击对城市和农村危害的不同之处,掌握一定预防雷击的知识,懂得如何预防雷击。平时要做好防雷措施,尤其要懂得手机如何躲避雷电;身边有人被雷击后,要尽快对其进行人工呼吸急救,避免"假死"变为"真死"。社区应该多加宣传,让广大居民朋友们不再惧怕雷电天气,最大限度地减少伤亡和损失。

后 记

《社区生命教育》是山西开放大学(原山西广播电视大学)校级立项课题(课题号 SXDDKT201904),也是临汾开放大学社区教育品牌建设工程项目。学校对此项目非常重视,我们在立项之初就进行了综合研判,充分考虑了项目实施和完成的条件,对项目负责人和主要成员既往的课题研究能力、完成课题研究的时间保障以及资料设备等科研条件进行了充分论证,学校承担本项目管理任务的愿意强烈。这些都为项目的实施打下了很好的基础。作为新时代生命教育的一种,与以往的生命教育不同的是,本书有着明确的服务对象,它是面向社区居民的一本普及生命意义、生命价值的通俗读物,作用和价值在于通过一个个主题实现普及、宣传、教育的目的。我们希望本书能够帮助新时代社区居民树立正确的世界观、人生观、价值观,并引导他们进一步认识生命、珍爱生命。

本书的编纂始于 2019 年年底,新冠肺炎疫情肆虐的三年严重影响了社区生命教育课题项目的研究进程,线下调研难以较大范围地落地,取法本地鲜活案例素材的可能性缩小,社区生命教育的靶向性需要调整,内容编纂上需要切换视角、重新考量。

为加快课题项目推进,课题组在原有人员基础上,吸纳了在生命教育研究方面有一定成果的宋爱娜、关坤、王敏、秦翔宇、高千茹等老师,他们的加盟加快了书稿编纂的进度。编委闫金莲完成了主题 13、21 的编写;宋爱娜完成了主题 11、12 的编写;关坤完成了主题 20 的编写;王敏完成了主题 17 的编写;秦翔宇完成了主题 33 的编写;高千茹完成了主题 30 的编写;主题 18 由闫金莲、关坤共同完成；主题19由王敏和关坤共同完成；其余生命伦理篇的10个主题、生命关怀篇的3个主题和生命安全篇的10个主题，共计23个主题由主编高燕编写完成。

我在2022年履新临汾开放大学校长后，接续推进社区教育资源建设，鼓励专业技术人员从事社区教育、农干工程等服务社会的研究，教职工的多篇论文在省级学术期刊发表，其中，孙建平等的《"互联网+"时代在线教育模式创新初探》是临汾社区教育品牌课题的重要阶段性成果。

《社区生命教育》涉及内容多、知识面广，三晋出版社的责任编辑解瑞认真核查相关资料、精心编校，历时两载有余，倾注了大量精力和心血，为完善本书的内容作出了积极贡献；我的前任李国成校长担任生命教育课题组组长，谋划确定了本书的体例框架、主题要点与编委会人员组成，打牢了本书成型的第一道基础；孙建平、汪叙彤、郑晓云、肖琴等同志致力于社区生命教育课题研究，形成了阶段性成果，进一步推进了项目建设；班子成员苏金刚副教授对全书进行研读，并作为课题组代表执笔撰写了前言；山西开放大学科研处处长苏炜、科研规划部部长李建平给予极大支持与包容，签批了该课题延期的初审意见，山西开放大学副校长郭丽云根据实际情况同意了项目延期申请……在本书即将付梓之际，向各位表示诚挚的谢意！

在此，期待广大社区居民读者、社区教育工作者、社区管理者以及专事社区教育的研究者对本书的内容多多指正，以便于我们继续跟进社区生命教育研究的提档提质，加快推进社区教育资源品牌建设！

临汾开放大学校长　周　宏
2023年11月23日于平阳

图书在版编目（CIP）数据

社区生命教育 / 临汾开放大学生命教育课题组编. —太原：三晋出版社，2024.1
ISBN 978-7-5457-2671-8

Ⅰ.①社… Ⅱ.①临… Ⅲ.①社区—生命哲学—教育研究—中国 Ⅳ.① G779.2 ② B083

中国国家版本馆 CIP 数据核字（2023）第 235388 号

社区生命教育

编　　者：临汾开放大学生命教育课题组
责任编辑：解　瑞
出 版 者：山西出版传媒集团·三晋出版社
地　　址：太原市建设南路 21 号
邮　　编：030012
电　　话：0351-4956036（总编室）
　　　　　0351-4922203（印制部）
网　　址：http://www.sjcbs.cn
经 销 者：新华书店
承 印 者：山西新华印业有限公司
开　　本：787mm×1092mm　1/32
印　　张：8
字　　数：180 千字
版　　次：2024 年 1 月　第 1 版
印　　次：2024 年 1 月　第 1 次印刷
书　　号：ISBN 978-7-5457-2671-8
定　　价：35.00 元

如有印装质量问题，请与本社发行部联系。电话：0351-4922268